이
어
아
에
오

이어아에오

'그래, 느리지만 성장하는 아이'

케이크여왕 지음

천천히 걷는 아이를 위한 가장 따뜻한 필독서

이 글은 공개될 날을 기다리며 쓰기 시작했다. 이 글이 공개됐다는 것은 아이가 어느 정도 자립했다는 뜻일 것이다. 자립하기 전에 그냥 공개하면 안 되냐는 남편의 질문에 나는 사회적 낙인으로 인해 상처받을 우리 가족을 생각하며 자제하고 있다고 답했다. 생각보다 너무 많은 편견이 매일매일 나에게 생채기를 남기고 있기 때문이다.

"부모가 똑똑한 애들이 저렇게 될 수 있다더라고"

"자폐 아이는 나라에서 돈 많이 나오죠?"

순식간에 나를 베어버린 공기의 울림은 이런 운명에 처하게 만든 하늘을 원망하게 했다. 나는 자폐라는 말이 내 입 밖으로 나오면 그것이 진짜가 되어 버릴까 봐 차마 꺼내지 못했다. 그런데 그 단어를 무심코 내뱉는 사람들이 있어서 진저리치게 싫었다. 나는 자폐라는 단어가 너무 싫어서 그저, 아이가 말이 느

리다는 말로 상황을 얼버무리며 몇 년을 버텼다. 그렇게 자신조차 속여가며 버티던 어느 날, 아이의 주치의가 학교에 입학하기 전에 장애 등록을 해서 도움을 받는 것이 좋겠다며 서류를 받아 가라고 했다. 그것을 들고 나는 주민센터를 찾았다. 다른 엄마들은 장애 등록을 하고 복지카드를 받은 날 마음이 너무 헛헛해서 그렇게나 많이 울었다고 한다. 그러나 나는 그날조차도 울지 않았다. 우리 아이는 잠시 사회의 힘을 빌릴 뿐, 금세 딛고 일어서리라 생각했다.

사실 나는 엄마와의 애착 형성을 그리 믿는 편은 아니다. 누군가와 적절하게 관계를 맺는다면 굳이 엄마가 아니더라도 괜찮다고 생각하기 때문이다. 그러나 엄마가 옆에 있는데도 제대로 아이를 지탱해주지 않는 것은 또 별개의 문제였다. 그것이 아이를 속상하게 만들 수 있고 마음을 닫히게 할 수도 있다.

나는 어쩌면 그동안 아이에게서 도망쳤는지도 모른다. 내가 하고 싶은 것들을 위해 노를 저어보겠다고 아이는 나루터에 놓고 그저 멀리서 관망하고 있었다. 나라는 존재가 성인이 되었어도 보살핌을 받아야 하는 존재라는 걸 왜 이렇게 늦게 깨달아버린 것일까. 그때 나도 도와달라고 말했어야 하는데 모든 괴로움을 내가 이고지고 버텼다. 나도 너무 힘들어서 살아야 했기에 아이에 온전히 집중하는 대신 내가 살 수 있는 선택을 할 수밖에 없었다. 그것이 아이에게 너무 큰 영향을 미친 것 같다. 그렇다고 해서 그 시간을 자책하거나 원망하지 않는다. 그것은 내가 바꿀 수 없는 과거이기에 그땐 그랬으니, 앞으로는 더 잘해야지 하는 생각으로 하루하루를 다시 그려나가고 있는 중이다.

발달장애 아동을 이해하는 것은 가족이 제일 잘할 수 있을지 모르나 어떻게 대처해야 하는지 모르는 것은 일반인과 비슷할 수도 있다. 지금도 나는 아이에게 뭘 해줄지 몰라서 매일 방황 중이다. 그러므로 나 혼자 무조건 책임지고 해결해야 하는 것이 아니라 아이가 맺은 인연들에게 도움을 요청해야 한다는 것을 매일 깨닫고 있다.

힘이 들 때마다, 기분이 좋을 때마다, 일기장에 한가득 내 감정을 눌러 담아 하루하루의 고됨을 적어 내려갔으나 그것도 한계가 있었다. 일기장엔 검색기능이 없다는 것이 최대의 단점이었으므로 다시 펼쳐보지 않으면 내가 언제 좋았고 언제 힘들었는지 다음엔 무엇을 해야 하는지 그저 잊어버린 채 끝이 났다. 지금부터는 아이가 어떤 상태였고 어떻게 좋아졌고 어떨 때 후퇴했는지 현실을 직시하며 세세히 기록으로 남겨보고자 한다. 그래야 내가 나아가야 할 방향을 찾을 수 있을 것만 같다.

이 글의 목적은 오늘도 힘겹게 달리고 있을 누군가와 경험을 공유하려는 것이다. 그래서 일기장과 인터넷 카페에 남겼던 것들을 이제 정돈된 기록으로 묶어보려 한다. 이 글은 내 아이가 좋아질 것이라는, 언젠가는 나를 떠나 자립할 수 있을 것이라는 기대로 나를 버티게 할 원천이 될 것이다. 그것이 헛된 희망으로 남을지, 숨통 트인 미래를 불러올지 모르겠으나 나는 끝까지 웃음을 잃지 않으려고 한다. 이렇게 절망적인 상황에서 긍정적인 앞날마저 그려볼 수 없다면 그건 내 삶에 너무 가혹한 형벌을 내리는 것이기 때문이다.

가끔은 운명이 나를 너무 힘들게 만든다는 생각을 했다. 내가 무슨 잘못을 했기에 사회에서 쭉쭉 뻗어 나가야 할 시기에 세상이 나를 주저앉히는지 도무지 이 상황을 받아들일 수 없었다. 그래서 나는 내 삶도 포기하지 않으려고 노력했다. 그것이 누군가의 희생을 바탕으로 만들어졌지만 그래도 나는 내가 쌓아온 것들을 포기할 수가 없었다. 그러나 내 몫이 있다는 걸 누구보다도 내가 잘 알기에 계속해서 차근차근 행동하기 시작했다. 그랬더니 아이가 잘 보이기 시작했고 조금씩 빠르게 변화하는 모습을 보였다.

최선을 다해 아이의 치료를 하던 중 풀베터리 검사를 하게 됐다. 그때 검사자가 아이를 관찰하며 메모해놓고 나에게 물어본 질문이 잊히지 않는다. 아이가 '이어아에오'라고 자주 말하는데 그것이 무슨 뜻이냐고 물었던 것이다. 나는 그 말이 '일어나세요'였다고 정정해주었다. 검사를 받기 싫어서 검사자보고 일어나라고 했을 것이라고 아이의 행동을 설명했다. 책 제목을 무척이나 많이 고민하다가 '이어아에오'라고 결정하게 된 것은, 우리 아이가 하는 말이 '이어아에오'가 아니라 '일어나세요'라고 들리는 그날이 오면 정말로 사회에서 일어서서 자립할 수 있을 것만 같아서였다.

나는 이 글이 '우린 이제 사회에서 스스로 설 수 있게 되었다'로 끝나길 바란다. 그래서 이 원고의 끝이 반드시 있을 것이란 희망으로 아주 솔직하게 담아 내렸다. 이 글은 3년 동안 쓰인 글이기에 저자인 나의 태도 변화가 고스란히 담겨있다. 그래서 장애 이해도가 높은 분들은 이렇게 표현하면 안 된다고 지적하고 싶을 수도 있다. 그러나 이 글은 전문적 지식을 뽐내기 위함이라기보단 발달장애 아동을 키우는 엄마들과 감정을 교류하고 위로하며 같이 한 발짝 내딛어보자는 취지로 쓰였다. 그런 점에서 발달장애 아동을 키우는 엄마가 어떻게 변화하는지 관찰자의 입장으로 읽어주시길 부탁드린다.

차례

1장

느리게 성장하는 아이

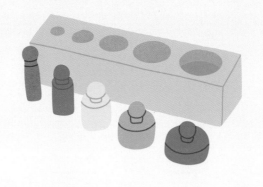

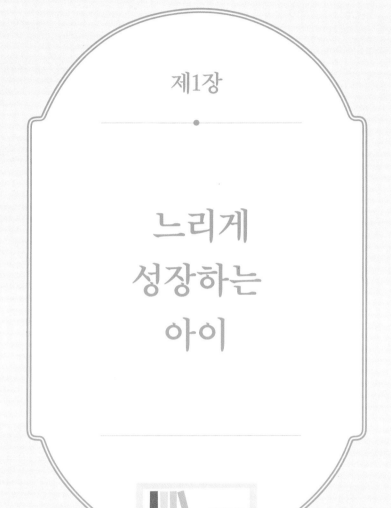

제1장

느리게
성장하는
아이

느리게
성장하는
아이

서재에 있는 물건들을 정리하다가 아들이 일곱 살 때 찍은 사진을 보게 됐다. 낯설었다. 내 아이임에도 불구하고 너무 낯선 모습으로 유치원에 다니고 있었다.

힘이 없어 시선을 떨어트린 눈빛, 자신이 없는 어깨를 보니 갑자기 울음이 터져 나왔다. 내가 없는 사이에 우리 아이는 어떤 삶을 살고 있었을까.

딸은 '엄마가 좋다, 엄마 밥이 최고다' 엄마 생각으로 도배된 일곱 살의 삶을 살았는데 아들은 그러지 못했다. 아이를 키우는 게 무에 그리 힘들다고 포기해버렸을까.

우리 아이가 느린 이유는 내가 임신했을 때 너무 많은 스트레스를 받았기 때문은 아닐까 싶어 가끔은 내 주변이 너무 원망스러웠다. 나를 괴롭히던 환경은 아이를 낳고도 계속됐고 신생아와 함께 버텨야 하는 시간을 나는 도무지 이겨낼 수가 없었다.

나약한 엄마를 둔 아이는 세상의 속도보다 느렸다. 또래의 아이보다도 느렸고 2살 어린 여동생보다도 느렸다. 느린 것을 볼 때면 또 주책없이 눈물이 났다. 후회가 밀려왔다.

그럼에도 아이는 조금씩 성장해 갔다. 나약한 엄마가 죄책감의 늪에 허우적 거릴 때도 느리지만 앞으로 나아갔다.

'그래, 느리지만 성장하는 아이'

세상은 끝난 것이 아니었다.

애착형성,
너와 내가
떨어져 지낸 시간

아들은 어느 날 갑자기 생겼다. 기쁨과 감사는 잠시였고 정리되지 않은 복잡한 사정들이 나를 좀 먹기 시작했다. 힘들다는 소리 한 번 못 내보고 그저 묵묵히 견디며 버텼다. 내가 선택한 길이니 투덜대지 말아야 한다고 생각했다. 그 시절 견디는 것이 유일한 해결책이라 믿었고, 견디는 것 말고는 할 줄 아는 것이 없기도 했다. 아이가 태어나면, 가족이 되면 언제 그랬냐는 듯 괜찮아 질 거라 생각했다. 그 헛된 바람이 나의 미래가 될 거라는 착각 속에서 그렇게 나는 결혼을 했다.

우리 아들이 느린 이유가 임신했을 때 내가 너무 많은 스트레스를 받았기 때문은 아닐까 싶어 가끔은 내 주변이 너무 원망스러웠다. 나는 겨우 버티고 있었는데 내 주변은 나를 쓰러트리지 못해서 안달인 느낌이었다. 나를 괴롭히던 환경은 아이를 낳고도 계속되었고 신생아와 함께 버텨야 하는 시간을 나는 도무지 이겨낼 수가 없었다.

그래서 내가 해내야 할 것들을 친정엄마에게 미뤄버렸다. 그렇게 나는 도망쳤다. 아이는 할머니 집에서 잘 크는 거 같았다. 어쩜 그렇게 믿고 싶었는지도 모른다. 때마침 회사는 그 어느 때보다 바빴다. 해뜨기 전에 출근해서 해뜨기 전에 퇴근했다. 아이와 온전히 시간을 갖고 마주하는 건 주말 하루가 고작이었다. 사실 내겐 일주일에 한 번 문화센터에 데리고 가서 놀아주는 것도 버거웠다. 몸이 힘든 것보다 마음이 힘들었다. 아이를 데리고 다니는 것이 낯설고 이 마음을 누군가에게 들킬까 봐 두려웠다. 특히 아이가 알아챌까 봐 무서웠다. 엄마였지만 명목상 엄마일 뿐인 여자로 여겨질까 한없이 아이 눈치를 보았다.

그래서였을까, 아이는 수업이 시작되면 울었고 수업이 끝날 때쯤 적응해서 놀기 시작했다. 수업 때마다 울어도 이것이 나의 운명이려니 하며 아이를 데리고 나가 달래서 다시 수업에 들어갔다. 그게 두 살 때 아들의 모습이었다.

그런데 문제가 발생했다. 어느 순간부터 아이가 우리 집에 오지 않았다. 친정엄마 집에 있는 아이를 데리러 가면 아이가 우리를 밀어버렸다. 그 모습을 보며 친정엄마는 할머니를 더 좋아한다고 깔깔깔 웃었다. 한번으로 그치지 않았다. 아이를 보러 가려고 하면 친정엄마는 아이가 잔다고 오지 말라고 했다. 엄마의 일정이 어그러진다고 쫓겨나기도 했다. 나는 아이의 양육을 책임지고 있던 엄마의 말을 오롯이 따르는 것 말고는 내가 할 수 있는 일이 없다고 생각했다. 비겁했다.

엄마의 변덕 때문에 나는 점점 더 아이와의 연결고리를 잃어버렸다. 아이를 돌보는 친정엄마는 더 많은 것을 내게 요구했기에 심신이 지쳐버렸다. 정말로 도움이 필요한 순간에는 아이를 짐처럼 가져가라 내게 소리치기도 했다. 엄마의 변덕에 나는 쉴 새 없이 흔들렸다. 아이보단 엄마의 기분을 살폈고, 아이가 무엇을 하고 싶은지 보단 엄마가 무엇을 좋아하는지 눈치를 보았다. 견디고 견디며 참고 꾹 누르던 서러움이 폭발하면 소심하게 엄마에게 연락하지 않는 방법으로 되갚았다. 그러고 며칠 뒤 아무렇지 않은 엄마의 일상적인 전화에 서러움을 꼭꼭 숨겨둔 채로 전화를 받았다. 아무 일도 없었던 것처럼 행동했다.

어쩌면 이때 바로 잡았어야 했는지도 모른다. 집에 오지 않겠다고 우리를 밀어내는 아이를 어떻게 해서라도 데리고 왔어야 했었고, 본인의 기분대로 아이를 물건 취급하듯이 데려가라고 말했던 엄마에게도 그러지 말아달라고 말했었어야 했다. 애를 맡긴 죄인이라 아이에게 엄하게 말하지 못했고, 엄마에게 단호하게 입을 열지 못했다.

아이가 네 살이 되었을 때 친정엄마가 갑자기 아이를 어린이

집에 보냈다. 나와 전혀 상의가 되지 않은 채였다. 아이는 한차례 어린이집 적응에 실패한 적이 있고, 극렬한 거부에 어린이집 보내기 시도가 번번이 좌절되던 때였다. 그런 시기에 엄마는 덜컥 아이를 어린이집에 보내버렸다. 아이는 9시에 가서 12시가 되면 집으로 왔다. 적응 기간만 4개월이 넘었다. 당연히 아이는 힘들어 했고 울 때가 많다고 했다. 친구들이랑 어울리지 못하고 서랍이란 서랍은 다 열어 놓을 때도 있다고 했다.

 하루는 내가 아들을 하원 시키러 간 날이었다. 어린이집 원장님이 상담이 필요하다고 하더니 내게 들어오라고 했다. 그리곤 무슨 종이를 내밀었다. 자기가 보기엔 아스퍼거 증후군 같다고 하셨다. 나는 아스퍼거 증후군이라는 말을 그때 처음 들었다. 내밀어진 종이에 시선을 떨구자 원장님이 종이를 당신 쪽으로 슬며시 당겼다. 조급한 마음에 손을 내밀자 책상 위에 올라와 있던 종이를 급기야 내 시선이 닿지 않는 곳으로 옮기셨다. 내가 좀 더 읽어보고 싶다고 보여 달라고 말씀드리자 가져갈 필요가 없다며 주지 않았다. 그 대신 아이의 사회성을 증대시키기 위해 본인의 어린이집에 여동생을 보내는 것이 좋겠다고 제안하셨다.

 그날의 상담은 친정엄마를 화나게 했고 아이의 여동생이 다니던 어린이집에서는 아이를 빼 가려고 한다며 난리가 났다. 아스퍼거 증후군이 무엇인지 몰랐던 나는 이 모든 사단을 진화하기에 급급했다. 그 원장 선생님이 왜 그렇게 행동했는지 훗날 어렴

풋하게 짐작할 수 있었다. 본인 입으로 아이가 자폐 스펙트럼으로 의심되니 큰 병원에 가보라는 말을 차마 할 수가 없었을 것이다. 그때까지도 나는 상황의 심각성을 깨닫지 못했다. 말이 곧 트일 거라는 안일한 생각으로 시간만 보내고 있었다. 그동안 아이는 끊임없이 내게 신호를 보냈다. 아이는 어린이집에 계속 적응하지 못했고, 선생님 손을 잡아 끌면서 자신이 원하는 것을 해달라며 매일 떼를 부렸다. 그 모든 징후들을 제대로 직시하지 못한 채 지나쳐버렸다. 어린이집 선생님도 아이 때문에 지쳐갔다. 몇 개월 다녔던 어린이집은 입소부터 퇴소까지 적응기만 가지다가 끝났다.

아이가 글자를 읽을 수 있다는 것을 알게 된 것은 네 살 쯤이었다. 동네에 걸린 현수막을 한참 보고 서 있는 것이 일상이었고 글자 앞에서 한참을 멈춰 서 있었던 적도 많았다. 어느 날부터 아이가 혼자 글자를 쓰기 시작했는데 그것도 그저 그럴 수 있다고 생각했다. 걸어 다니는 길의 간판을 모두 외워서 순서대로 스케치북에 옮기고 있을 때도 특이한 일이 아니라고 생각했다. 그 이유는 남편이 어릴 때 혼자서 한글을 깨쳤고 집에 오는 길에 간판을 순서대로 외워서 찾아왔다고 했기 때문이다. 그래서 심각성을 전혀 인지하지 못했다. 아빠 닮았으면 그럴 수도 있다는 생각으로 아이가 보낸 신호를 제대로 읽지 못했다.

우리가 센터를 찾게 된 것은 내가 우연히 접한 기사 때문이었다. 기사의 내용은 아이가 한글을 혼자 깨쳐서 그저 신기하게 바라봤는데 자폐였다는 내용이었다. 네 살 끝 무렵, 도저히 안 되겠다 싶어 센터 상담을 시작했다. 센터장은 우리에게 아이 그래프를 보니 애착 형성 장애로 의심된다고 했다. 그러나 센터는 의료기관이 아니니까, 수업을 진행하면서 지켜보자고 했다.

수업 이름을 살펴보는데 언어 수업, 인지 수업, 미술치료 등이 쓰여 있었다. 나는 모두 처음 듣는 수업 이름이라 고르기가 힘들었기에 센터장님께 아이에게 맞게 추천을 해달라고 했다. 그렇게 아이는 주 1회씩 언어 수업과 인지 수업을 시작했다. 아이는 여전히 말을 하지 않았고 포인팅도 하지 못했다. 눈 맞춤도 거의 되지 않았다. 이것이 자폐를 알아차릴 수 있는 중요한 신호라는 것도 한참 뒤에 알았다.

그해 겨울의 끝에 우리는 아이를 데리고 수안보로 놀러 갔다. 방안에는 병풍이 놓여 있었다. 아이가 갑자기 손가락을 들어 병풍 속에 있는 것을 가리켰다.

"저거 뭐냐고 물어보는 거야? 저거 새야 새!"

내가 답하자 아이가 씩 웃었다. 생애 처음으로 포인팅을 하는 순간이었다. 여행으로 상황이 좋아지는 듯해서 아이만 데리고 여행을 다녔다. 조금씩 좋아지는 느낌이 들었으나 여전히 말은 트이지 않았다. 여행에서 우리가 말보다 더 빨리 해결해야 하는 것은 식당에서 착석이 안 된다는 것과 낯선 호텔에서 잠을 잘 때

심하게 거부반응을 보이다가 잠자리에 드는 것이었다.

그렇게 아이는 다섯 살이 됐다. 나는 더 바빠졌고 아이와 기껏 좁혀놓은 연결고리가 다시 느슨해지기 시작했다. 하루는 어린이집에 아이를 데리러 갔는데 개구리처럼 볼에 잔뜩 공기를 집어넣고는 나보고 가라고 손을 밀어버렸다. 할머니가 와야 하는데 왜 엄마가 왔냐고 잔뜩 화가 난 표정이었다. 아이의 마음이 완전히 닫혀버렸다는 것을 그때도 잘 알지 못했다.

아이의 센터는 친정엄마의 컨디션에 따라서 갈 수 있거나 갈 수 없었다. 센터에서 아이의 입 근육이 움직이도록 '냠냠', '쩝쩝' 하면서 소리를 내도록 할머니가 많이 도와주라고 했더니 친정엄마가 소리쳤다.

"내가 얼마나 노력하는지 알아? 그런 거 다 집에서 해!!"

엄마의 기분에 따라서 아이의 상태에 관한 진술도 엇갈렸다. 어느 날은 아이가 다 잘한다고 했다가 어느 날은 아이가 다 못한다고 했다. 자기 앞에서는 한다고 하는데 정작 시켜보면 할 줄 모르는 것 투성이었고 의외로 잘하는데 못한다고 해서 어떻게 대처해야 할지 모를 때가 많았다.

가끔은 과한 것을 요구할 때도 있었다. 아직 말문이 트이지도 않았는데 공부를 가르쳐야 한다고 공부방 타령을 하는 것들로 나를 괴롭혔다. 더 문제는 딸의 존재였다. 딸이 말을 하기 시작하고 인지가 올라오자마자 친정엄마의 아이에 대한 조급증은 나

날이 심해졌다.

"딸들은 원래 그래, 아들은 원래 이래"

친정엄마는 그렇게 아이를 가르기 시작했다. 심지어는 딸을 비하할 때도 많았다. 아무리 그래도 서너 살밖에 안 된 어린 여자애를 비하하다니 정말 이해가 가지 않았다. 아무래도 아들은 친정엄마가 키우고 딸은 내가 키웠기 때문에 그러는 것 같았다. 여전히 아들에 대한 주도권은 내가 가지고 오지 못하고 있었다.

아이는 여전히 우리를 밀어냈고, 친정엄마네 집에서 꼼짝을 하지 않았다. 말은 여전히 하지 못했고 그렇게 여섯 살이 됐다. 큰 결심 끝에 병설 유치원 통합 반을 다니기 시작했다. 그러나 코로나로 여섯 살이 어영부영 지나가 버렸다. 마음이 정말 급해졌다. 내년에 초등학교에 가야 하는데 여전히 말은 트이지 않았고, 무엇보다 착석이 안 됐다. 여동생과의 격차는 점점 더 벌어졌다. 고민 끝에 대학병원에 문을 두드렸다. 아이가 7살이 되기 전 겨울이었다.

나는 자폐 검사를 당일에 받을 수 있을 줄 알았는데 그건 일 년 반 뒤에나 볼 수 있다 했다. 정말 무지한 엄마였다. 그러면 우린 이렇게 답답한 채로 지내야 하냐는 말에 선생님이 임상시험을 추천해 주셨다. 언젠가 말이 트이겠지, 언젠가 다른 아이들처럼 엄마 아빠를 보고 웃겠지 막연한 희망으로 시간만 보내는 것이 아닌 아이를 관찰할 수 있는 시간을 가질 수 있게 되었다.

임상시험으로 우리는 새로운 전기를 맞았지만 아이는 우리 집에 오지 않았다. 올 기미도 보이지 않았다. 여전히 육아의 주도권은 친정엄마에게 있었다. 효과도 없는 약을 먹이고 있다고 투덜대는 친정엄마를 볼 때마다 정신이 아득했다. 밖에서는 그러지 않았지만, 집 안에서 엄마는 나를 천하의 나쁜 사람으로 대했다.

　　청소년기에 만났던 친구는 할머니 집에서 계속 컸는데도 불구하고 부모에 대한 원망이 있지 않았다. 그저 할머니에 대한 애틋한 마음만 있었다. 그렇게 바르게 자라서 전교 회장도 했다. 할머니 집에 맡겨진다고 무조건 나쁜 것이 아니다. 그런데 친정엄마는 계속해서 나를 비난했다. 그 비난 때문에 내가 육아를 전혀 주도하지 못했다는 것이 여전히 아쉽다.

엘세린,
뜻밖의
행운

대학병원만 가면 모든 게 해결될 것이라 생각했다. 몰라도 너무 몰랐다. 대학병원 첫 진료 때에는 자폐검사를 바로 할 수 없다는 이야기를 대학병원에 가서야 전해 들었다. 문제는 자폐 검사를 신청해도 몇 주 뒤, 몇 달 뒤가 아닌 일 년 반 뒤에나 받을 수 있다고 했다. 선생님을 만나기까지도 한참 걸렸는데 모든 검사를 한참 더 기다려야 받을 수 있다니, 정신이 아득해졌다.

일 년 반 동안 희망 고문을 가지면서 버텨야 하나 정말 암담했다. 먹먹한 표정으로 아무 말도 못 하고 앉아 있자 의사 선생님께서 마냥 기다리기 답답하니 뭐라도 하고 싶은 심정인 거 안다고 말씀하셨다. 그때 추천해 주신 것이 두 가지 임상시험이었다. 하나는 엘세린이라는 것을 먹는 것인데, 약을 먹는 아이 중에 부작용이 있는 사례는 아직 없다고 하셨다. 또 하나는 장내 유산균 시험인데 온 가족의 대변을 받아서 제출하기만 하면 된다고 설명해 주셨다. 냉큼 하겠다고 답했다. 시험 참가에 관한 연구원들의 설명을 전화로 들으며 집으로 갔다.

임상시험도 하고 싶다고 다 할 수 있는 것이 아니었다. 검사를 받고 적합한 시험대상인지 확정이 돼야 가능했다. 임상시험을 위해 혼자 병원에서 인터뷰를 한 차례 했고 그 뒤에 아이와 함께 검사를 받았던 것으로 기억한다. 체중에도 제약이 있고, 복용 중인 약이 있어도 안 됐고, 다른 신체적 질환도 없어야 가능했다. 또, 임상시험에 참여하는 동안 총 11번 병원을 방문해 진료를 보고 검사를 하고 일정을 조정하느라 애를 많이 먹었다.

우리 아이가 약을 먹기 시작했는지 위약을 먹고 있는지 전혀 알 수 없는 기간도 있었다. 아이는 시험이 시작되고 점차 좋아지기 시작해져 위약은 아닐 거 같다는 생각으로 그저 꾸준히 먹였다.

아이는 생각보다 새로운 약을 잘 받아들였다. 하지만 임상시험 약을 먹이는 것은 일반 약을 먹이는 것보다 배는 힘들었다. 시험 중에는 평소에 먹던 유산균도 먹지 못했다. 감기라도 걸리면 그야말로 멘붕에 빠졌다. 하루는 아이가 아파 감기약을 처방받아 왔는데 연구원에게 물어보니 먹으면 안 되는 약이라고 해서 안타까웠던 적이 있다. 마지막쯤에 엘세린을 중단하고 기다려야 하는 시간도 있었는데 아무것도 못 하고 있다는 생각에 초조함이 몰려오기도 했다. 그동안 먹은 것이 있으니 좋아질 거란 믿음으로 버텼다.

이 외에도 임상시험 중에 가장 힘들었던 건 혈압 재기, 심전도 측정, 채혈이었다. 혈압 기계에 손만 넣고 결과를 기다리기만 하면 되는 일이 아이에게 너무 힘든 일이었다. 혈압 한번 재기 위해 수십번을 실패해야만 겨우 결과를 알 수 있었다. 아이의 팔이 얇아서, 어린이용 혈압계는 너무 예민해서 아이가 살짝이라도 움직이면 실패했다.

채혈은 3명 이상의 어른이 붙잡고 했다. 혈압을 재는 그 몇 초의 순간에도 아이는 끊임없이 움직였다. 하물며 바늘이 들어가는 순간에도 아이는 가만히 있지 못했다. 채혈하면 아이가 움직이지 않게 힘을 끌어 모아 아이를 붙잡고 있었다. 그러고 채혈이 끝나면 몇 년은 늙은 거 같은 몰골이 되어 있었다. 그래도 아이가 좋아진다면 이런 수고스러움은 아무것도 아니었다. 병원 가는 길도 고행이 따로 없었다. 출발 한 시간 전부터 소변검사를 볼 수 있게 미리 물을 먹였다. 가는 도중에 화장실에 가겠다고 하면 어르고 달래가며 소변검사 전까지 참아달라고 아이에게 부탁했다.

병원 방문은 2주에 한 번 하기도 하고 한 달에 한 번 가기도 했다. 어떨 때는 신체검사를 모두 해야 했고, 심리검사실에 가야 하기도 했다. 신체검사는 체력적으로 힘들었으나 심리검사는 몸을 쓸 일이 없었다. 무엇보다도 검사 후 아이의 시점에서 아이의 마음 상태가 어떤지 알 수 있어서 좋았다. 아이가 무엇을 할 수 있는지 전문가가 계속 체크를 해주고, 우리 아이가 무엇이 부족한지, 앞으로 집에 가서 무엇을 해줘야 할지 방향이 잡혔다. 눈앞에 닥친 일들을 해결하느라 보지 못했던, 저 멀리서 은은하게 비추고 있던 광명이 보였다.

심리검사 시간에 아이에 관해 받았던 질문 중 가장 기억에 남는 것은 한글을 순서대로 외우냐는 물음이었다. 아들은 한글을 혼자 깨쳐서 '가나다라마바사'의 순서를 알지 못했다. 남편도 혼자 한글을 깨쳐서 초등학교 입학 전까지 순서를 몰랐다고 했다. 그래서 그것을 읊을 때마다 무슨 마법 주문을 외우는 느낌이었다고 말했다.

그렇게 몇 달이 흘렀다. 아이는 네모난 종이에 '가나다라마바사아자차카타파하'를 쓰고 한 글자씩 오리더니 예쁘게 붙이기 시작했다. 순간 아이가 드디어 혼자서 가위와 풀을 이용해 놀 수 있게 되었다고만 생각했다. 아이가 꼬물거리며 붙여놓은 종이를 찍어다 아이를 담당하시는 검사실 선생님께 보여드렸다. 선생님께서 크게 눈을 뜨며 내게 웃으며 말씀하셨다.

"오~ 드디어 순서를 외웠네요!"

그제야 나는 깜짝 놀랐다.

"그러네요! 아이가 순서를 외웠네요?"

내가 아이를 관찰하고 그것을 누군가 기록하며 정리한다는 것은 생각보다 매우 큰 도움이 되었다. 아이의 행동 하나하나를 더 유심히 지켜보게 되고, 지나치거나 오해했던 행동들에 의미가 부여되고 교정이 됐다. 한글을 순서대로 외우는 행동처럼 내가 미처 발견하지 못했던 아이의 진전을 확인할 수 있던 것이다.

특히, 주치의 선생님과의 만남이 임상시험 과정 중 가장 기다리는 시간이었다. 면담 시간에는 아이가 어떤 말을 처음 했고, 어떤 행동을 처음 했는지 복기하듯이 쏟아냈다. 선생님을 만나서 할 이야기들을 핸드폰 메모장 한가득 적어 놓고는 하나라도 빠트리지 않겠다는 일념으로 전달했고, 주치의 선생님은 차분하게 하나하나 설명해 주셨다. 이주의 한번, 어떨 땐 한 달의 한번, 10분의 시간을 위해 나는 아이의 모든 것을 기록했다. 돌이켜 보면 주치의 선생님과의 면담을 준비하고, 면담 결과를 받고 반영하는 일련의 과정들이 아이의 육아 방향을 잡는 데 정말 많은 도움이 되었다.

임상시험을 시작할 때만 해도 아이는 장난감을 잘 가지고 놀지 못했다. 줄을 세워놓거나 기능에 맞지 않게 가지고 놀았다. 그런데 약을 먹으면 먹을수록 제 기능에 맞게 가지고 놀기 시작했다. 키즈카페에서 장난감 자동차를 타고 그어놓은 선에 맞춰 발로 쭉쭉 밀고 나가는 아이의 모습을 보았을 때는 올림픽 메달을 딴 것처럼 손뼉을 치며 좋아했다.

그렇게 약을 먹으며 아이는 아빠랑 꽃도 심고, 물도 줄 수 있게 되었고, 손을 놓고 산책길을 걸어도 혼자 뛰어가지 않았다. 어느 순간 우리 가족은 아이의 손을 놓고 옆에서 함께 걸을 수 있게 되었다. 아이는 식당에 가서도 자리에 앉아서 잘 먹기 시작했다. 우리는 아이와 함께 할 수 있는 일상의 작은 것들에 감사했다.

언어는 이상하게도 더디었다. 아이는 6살이 되어도 자신의 감정이나 의사를 온전한 문장, 어휘로 표현하지 못했다. 아이는 무엇이 먹고 싶거나, 하고 싶거나, 가고 싶은 것이 생기면 우리에게 간신히 단어 하나를 내뱉었다. 그리고 다음 단어로 이어지지 못했다. 그나마 우리에게 요구라도 해서 '다행이다'라고 생각했지만, 한편으로 안타깝기도 했다. 무슨 생각을 하는지, 어떤 기분인지, 슬픈지, 기쁜지, 좋은지 도통 표현하는 법이 없어 보고만 있어도 가슴이 먹먹해지기만 했다.

그러던 어느 날, 산정호수에서 오리배를 타다가 아이가 "좋아!"하고 외치는 장면을 보았다. 우리는 첫걸음마를 하고, '엄마', '아빠'를 처음 말하는 것만큼 기뻐했다. 드디어 감정을 표현할 수 있게 됐구나라는 생각에 마냥 행복했다. 드디어 아이를 둘러싸고 있던 단단한 껍질이 한 꺼풀 벗겨지는 것 같달까.

그렇게 임상시험을 하던 중 아이는 초등학교에 입학하게 되었다. 아직 학교에서 혼자 있을 만큼 크게 발전한 것이 없는데 걱정이 앞섰다. 역시나, 입학 날부터 난리가 났다. 아이는 일반학생과 장애가 있는 학생이 함께 수업을 받는 통합교실로 향했다. 잘 해낼 수 있을지 걱정 반, 그동안 임상시험을 잘 해냈으니 적응할 수 있을 것이라는 기대 반으로 아이와 함께 학교로 갔다.

나의 기대는 섣부른 기대였을까? 아이는 자신의 자리에 앉지 않겠다고 소리를 지르고 도망을 쳤다. 첫 등교 날은 아이가 새로운 환경에 처했을 때 얼마나 스트레스에 취약한지를 두 눈으로 확인하는 날이 되어버렸다. 그때 주변에서 약 처방을 권유했다. 선생님들, 친구들, 또래의 엄마들까지 어쨌든 학교에는 가야 하지 않겠냐며 아이를 몇 분이라도 자리에 앉힐 수 있는 약을 먹어보라고 조심스레 말을 꺼냈다.

그러나 약을 먹으면 1년 연장했던 엘세린 복용 시험을 포기해야 했다. 주치의 선생님은 아이가 그동안 꾸준히 좋아지고 있었기 때문에 조금 기다려보자고 했다. 입학 때문에 스트레스를 받았으니, 학교에 적응하면 금세 좋아질 거 같다고 하셨다. 그해 3월의 아이는 광란의 아이였다.

폭풍 같았던 학교 적응기도 주치의 선생님의 말씀처럼 시간이 해결해 주었다. 힘들어하던 아이도 시간이 걸릴 뿐 점차 적응해 갔고 다시 좋아지기 시작했다. 그런데 이상하게도 언어가 멈춘 느낌이었다. 엘세린을 복용했던 대부분의 아이가 언어능력이 향상되었다고 들었기에 우리는 내심 기대를 했었다. 언젠가 얼굴을 마주 보고 아이와 대화하고 자신의 감정을 이야기하지 않을까 하는 부푼 기대를 안기도 했지만 우리 아이는 그렇지 못했다. 행동은 눈에 띄게 교정됐는데 이상하게도 말이 트이질 않았다.

그러던 어느 날, 그동안 알아듣지 못했던 아이의 말이 들리기 시작했다. 남편과 누워서 대화하며 아이들을 재우고 있는데 아이가 갑자기 벌떡 일어섰다. 그리고 우리를 향해 외쳤다.

"조용히! 조용히!"

우리가 알아듣지 못하는 듯하니 아이는 한 글자 한 글자 또박또박 외쳤다.

"조.용.히!"

그 순간 우리는 정말 기뻐서 조용히 할 수가 없었다. 상황에 맞게 아이가 이야기했다는 것이 신기했다.

그 뒤로 아이를 관찰하니 꽤 많은 말을 하고 있었다. 그저 알아듣지 못했을 뿐이었다. 언어 수업을 그렇게 열심히 다녔는데 아이의 언어가 더디다고 조바심만 냈을까? 왜 아이의 발음이 정확하지 못했을까? 부정확하더라도 우리가 알아차려야 했는데 왜 그걸 몰라봤을까? 그때 너무 속상해서 주치의 선생님을 만나서 하소연했다.

"저는 엄마로서 자격이 없는 거 같아요. 말이 트이길 그렇게 고대했으면서…왜 알아차리지 못했을까요? 빨리 알았다면 발음도 교정해 줬을 텐데…아이가 그동안 우리를 보면서 얼마나 답답했을까요. 그것도 모르고…"

후회와 자책이 섞인 말들 내뱉자 주치의 선생님께서 너무 자책하지 말라고 위로해 주셨다.

"마스크를 써서 알아차리기 쉽지 않았을 겁니다. 알아차리더라도 마스크를 쓴 채로 센터에서도 수업을 진행하다 보니 전달하는데 한계가 있었을 거예요"

만약에 그걸 알았다면 아이가 '니은'을 '기억'으로 발음하거나 '피읖'을 '비읍'으로 발음할 때 계속 교정해 줬을 것이다. 그랬다면 엘세린 시험 때 다른 아이들이 언어가 많이 늘었던 것처럼 우리 아이도 말이 많이 늘었을지도 모른다. 코로나19만 오지 않았다면 그래서 마스크만 안 썼더라면 아이와 우리가 자연스럽게 말을 주고받고 아이가 원하고 느끼는 바를 더 빠르고 정확하게 알 수 있었을 거란 생각이 자꾸 들었다. 선생님 자신도 너무 속상하다고 나의 아쉬움이 자기 일인 것처럼 공감해 주셨다. 그리고 단호하게 말씀하셨다.

"언어센터를 당장 바꾸시는 게 좋겠습니다."

그렇게 임상시험이 끝났다. 열심히 먹던 엘세린 복용이 끝나자마자 유산균을 시켜 먹기 시작했다. 임상시험이 끝나자마자 유산균을 본격적으로 먹기 시작했던 이유는 온 가족의 대변을 받아서 제출했던 시험에서 남편과 아들만 특정 유산균이 현저히 부족했기 때문이다. 특히나 요구르트 등으로 채울 수 없는 유산균이 있어서 시험이 끝나자마자 먹이려고 대기하고 있었다.

유산균 부족이 자폐와 관련이 있다는 연구가 있다고 들었다. 아들처럼 한글을 혼자 깨쳤던 남편도 아들과 동일하게 유산균이 부족하다는 결과가 나왔다. 결과지를 받고선 우리 부부는 너무 놀랐다. 유산균과 자폐와의 관련성이 있다고 발표한 연구 결과에 더 주목하게 됐다. 지푸라기라도 잡아보자는 심정으로 엘세린 복용 중엔 할 수 없었던 유산균을 시험이 끝나자마자 먹기 시작했다.

임상시험으로 얻은 이점은 우리 아이가 현재 어느 정도 수준이 되는지 꾸준히 관찰할 수 있었다는 점이다. 또, 병원을 예약해서 했으면 비싼 비용을 냈을 검사를 무료로 했다는 장점도 있었다. 열한 번 병원을 방문하는 동안 교통비도 받았다. 가장 좋은 점은 주치의 선생님이 우리 아이를 자주 접하셔서 아이에 대한 이해도가 높은 상황에서 아이의 진료를 보았다는 점, 막막하기만 했던 아이의 진료과정에서 믿을만한 전문가와 함께 상의하면서 치료를 할 수 있다는 점이다. 무엇보다도 사소한 것 하나에도 웃었다, 울었다. 아이의 미래에 대한 한없는 불안에 허덕일 때마다 주치의 선생님의 말씀 한마디, 아이에 대한 믿음이 나를 굳건하게 설 수 있게 만들어 주었다.

"올 때마다 밝아서 좋아요. 보고 있는 나도 기분이 좋네요"

진료를 막 끝내고 주치의 선생님께서 나와 아이를 보고 웃으며 말씀하셨다. 혹시 내가 심각성을 모르고 웃고만 다니는 것은 아닌지 선생님께 진지하게 여쭤보았다.

"선생님, 저는 우리 아이가 좋아질 거라고 믿고 또 실제로 보셨듯이 계속 좋아지고 있어요. 그래서 크게 걱정 안 하려고 노력해요. 대신, 내가 할 수 있는 건 뭐든지 하자고 결심했어요. 그런데 제 모습을 보고 사람들이 너무 걱정이 없는 거 아니냐고 하더라고요. 제가 좀 아이의 미래를 부정적으로 전망하고 아이를 대해야 하는 건가요?"

"그래봤자 엄마만 힘들어요. 지금처럼 긍정적으로 아이를 대하고, 긍정적인 아이의 미래를 그리시고 그에 맞는 계획을 세우시는 게 좋지 않을까요?"

긴 대기줄, 복잡한 검사, 여기저기 아이를 데리고 진을 빼야 하는 진료 과정이 힘들지 않았다면 거짓말일 것이다. 그래도 얻은 것이 정말 많아서 시험에 참여하길 잘했다는 생각이 든다.

자폐,
치료제가 없는
신경질환

자폐인의 상당수가 신경 전형인보다 발달 단계가 느리다. 그렇기에 자폐는 발달장애로 간주된다. 발달을 끌어주는 약은 없을까. 안타깝게도 자폐에는 치료제가 없다. 발달장애 아이들에게 약은 치료제라기보다는 자극을 잠재우는 약이랄까.

아이가 교통사고가 나기 전, 학교에서 두 번 실종됐다. 집 근처 신경과 의사는 약을 권유했다. 'A'와 'B' 약이었다. 남편과 상의해 보고 먹이는 것이 어떠냐는 말에 일단 처방을 받아왔다. 그리고 먹이지 않았다. 임상시험을 통해 계속 만나왔던 담당 주치의 선생님의 말씀 때문이었다. '아이는 점점 좋아지고 있는 경우니 좀 더 지켜보자'고 했던 말이 떠올랐다. 약봉지를 손에 쥐고서 수없이 망설였다. 나는 결국 약봉지를 뜯지 못했다.

'아직은 괜찮을 거야'

일주일 뒤, 아이가 또 학교에서 사라졌다. 그리고 교통사고를 당했다. 집 근처 신경과 의사는 이젠 정말 약을 먹어야 한다고 강권했다. 이제는 더는 미룰 수도, 훗날의 희망에 기대기만 할 수도 없었다. 나는 의사의 권유에 따라 'B'는 먹이지 않고 일단 'A'를 먹여보기로 했다. 첫 주에 1mg을 먹고 둘째 셋째 주에 2mg을 먹었다. 첫 복용 일주일 동안, 눈에 띄는 큰 변화는 아이에게 나타나지 않았다.

그러나 약을 증량하고 나니 아이의 반응이 너무 안 좋아졌다고 센터 선생님들께서 말씀하셨다. 상호작용이 15회까지 되는 아이였는데 2회~3회밖에 안 된다는 것이다. 아이가 약으로 눌려 있는 느낌도 상당히 강하다고 설명하셨다. 갑자기 무서워졌다. 나의 결정으로 세상과 연결되어 있던 아이의 세계를 내가 다 망쳐버린 것만 같았다. 아무리 사고가 났고, 신경과에서 강권했다고 하나, 약을 먹인 나의 행동은 얼치기가 따로 없었다. 3주 차에 약을 중단했다. 그리고 공부를 시작했다.

약을 끊은 후, 아이의 머릿속을 한번 들여다보고 싶었다. 어떤 점이 힘든지 알아야 하는데 도무지 알 수 없었다. 그래서 책을 찾기 시작했다. 자폐아를 키우는 부모의 시선에서 쓴 에세이도 있었고, 자폐인 심리학자가 쓴 책도 있었다. 또 자폐인들은 사고를 하고 행동할 때 패턴화를 통해 처리하는 것을 선호한다는 내용의 책도 눈에 띄었다. 책을 읽으면서 알게 됐다.

'아이가 그동안 정말 괴로웠겠구나…'

책을 읽으며 알게 된 사실인데 자폐인의 뉴런은 쉽게 활성화 된다고 한다. 딸과 나는 대화를 나눌 때 우리가 나누는 대화에만 집중할 수 있지만 아이는 우리의 목소리 외에 사방에서 나는 생활 소음, 기계가 돌아가는 소리 등이 함께 들린다고 한다. 보통의 신경 전형인들은 불필요한 정보를 차단하고 주의를 집중하는 것에 반해 자폐인들은 이런 간단한 행위들을 쉽게 하지 못 한다.

한 번은 조용한 박물관 로비 카페에서 남편을 기다리며 아이와 아이스크림을 먹고 있었다. 나와 아이 뒤 편에 할머니 세 분이 자리를 잡으시더니 대화를 시작하셨다. 테이블이 우리와 제법 떨어져 있음에도 그들의 말소리가 뚜렷이 들렸다. 내가 듣기에도 말투가 상당히 공격적이고 거슬리는 느낌이었다. 그중 한 할머니가 본인의 상황이 무척 억울하셨는지 목소리가 점점 커지더니 흥분하셨다. 말투가 점점 날카로워졌다.

갑자기 아이가 울기 시작했다. 아이의 얼굴이 짜증으로 한껏 일그러졌다. 아이스크림을 내던지고 양손을 들어 자신의 귀를 사정없이 긁어댔다. 그러더니 귀를 뽑아낼 것처럼 잡아당겼다. 나는 할머니들의 소리가 자극됐을 것 같다는 추측으로 황급히 자리를 정리한 후 아이의 신경을 최대한 덜 자극할 수 있는 곳으로 이동했다. 예전이면 아이가 괜히 운다고 생각했겠지만 공부하고 조금이나마 이해하고 나니 갑자기 울어도, 갑자기 이상행동을 해도 당황하지 않고 침착하게 상황을 정리할 수 있게 됐다. 얼치기 엄마에서 조금은 멀어진 것 같은 기분이 들었다.

아이는 하루의 일정이 변경되는 것도 참 힘들어했다. 자신이 예상했던 것과는 다른 일정이 눈앞에 펼쳐지면 길에서 울며 드러누워 자신이 무척 마음에 들지 않는다는 것을 온몸으로 표현했다. 커서는 변경된 일정을 잘 따라오긴 했으나 변경된 일정이 닥치면 눈물을 훔쳤다. 정말로 마음에 안 들면 소리를 지르고 방방 뛰어대며 울었다. 가급적 이와 같은 상황을 만들지 않기 위해 최선의 노력을 다하지만 일이라는 게 뜻대로 되지 않는 경우가 많으니 최대한 주변인들에게 사정을 설명한다.

"자폐인들은 일상이 흐트러지거나 예상과 다른 일이 일어나면 더 당황하고 두려움에 처해 괴로워해요"

어느 날, 아주 우연한 계기로 아이의 내일 일정표를 써준 적이 있다. 아이는 그것을 보더니 매우 흡족한 미소를 지었다. 그 뒤로 아이는 자신의 일정표를 열심히 써댔다. 그리곤 활동보조나 센터 선생님들에게 확인이라도 받으려는 듯이 자기 일정을 말했다. 아이는 매일매일 일정을 써서 벽에 붙여놓았다. 아이가 일주일의 시간 변화를 인지하는 것도 그때 알았다. 혹시 일정이 바뀌는 것도 미리 찬찬히 설명하면 받아들이지 않을까 확인해 보고 싶어졌다. 아이가 일정표에 택시 타고 간다고 적어 놓는 것이 보였다.

"택시 안 타고 가는데? 엄마는 전철 타고 갈 건데?"

아이가 벽에 붙여놓은 자신의 일정표로 달려가 택시를 지우고 전철이라고 적기 시작했다. 나는 한 걸음 더 나가보기로 했다.

"다시 생각해 보니 버스가 더 좋을 거 같아. 엄마는 버스 타고 가볼래!"

아이는 또 자신의 일정표를 수정했다. 전철을 지우고 버스라고 써놓았다. 아이의 표정이 복잡해 보였지만, 두 차례 변경된 일정을 순순히 받아들였다. 나는 이따금 자랑스럽게 자신의 일정표를 설명하는 아이에게 일정 변경 연습을 하곤 한다. 지금은 아이에게 미리 설명만 하면 변경된 일정을 쉽게 받아들이지만, 여전히 갑자기 취소되거나 바뀌면 힘들어한다. 이 또한 연습하고 또 연습하면 점차 좋아지지 않을까 생각한다.

아이의 전반적인 행동들이 과거에 비해 좋아지긴 했지만, 여전히 사람과 눈을 맞추는 횟수가 적다. 언어도 요구사항 정도만 얘기할 수 있는 정도다. 괴로우면 귀를 급하게 긁는다. 어떨 때는 모든 물건의 냄새를 맡는 것으로 활동을 시작하고 어떨 때는 입술 감각이 예민해서 계속 만지기도 한다.

'이런 아이가 사회에서 정말로 혼자 살아갈 수 있을까?'

덴마크 기업 '스페셜리스테른'에서는 자폐인을 많이 고용한다고 한다. 고도로 체계화하는 그들의 능력이 회사에 크게 이바

지하기 때문이다. 자폐인 컨설턴트인 오티콘(Auticon)도 있다. 오티콘이라는 개념이 무척 생소한데, 이들이 하는 일은 자폐인들이 직장에서 겪는 여러 업무 환경에 적응하고 대처 능력을 길러주는 역할을 한다. 이렇게까지 자폐인을 위한 시스템이 발달한 이유는 신경 다양성을 인정하기 때문이다. 자폐인이라고 모두 기회가 주어지는 것은 아니다. 의사소통이 어느 정도 가능한 자폐인만이 고용의 기회를 얻을 수 있다. 우리 아이는 의미 있는 말을 하지 않는 무발화 상태는 아니지만, 그렇다고 해서 의사소통이 원활히 이루어지는 단계는 아니다. 어떻게 하면 언어를 끌어 올릴 수 있을지 하루하루가 고민이다.

몇 년 전 방영된 '이상한 변호사 우영우'에는 자폐인과 이상적인 자폐인 주변 사람들이 등장한다. 나 또한 드라마가 방영될 시기에 드라마를 열심히 시청했다. 주변인들과 드라마 이야기를 나누다 보면 '뭔가 오해를 하고 있구나' 느낌을 받을 때가 상당히 많았다. 사람들은 우영우의 친구, 동그라미처럼 자신도 자폐인 친구와 사이좋게 지낼 수 있다고 생각하는 듯 보였다.

그러나 내가 마주한 현실은 의사소통이 가능한 자폐인도 자폐인과 친구 관계를 맺는 사람들도 많지 않았다. 무엇보다 미디어에 비친 이미지로 자폐 아이들을 단단히 오해하고 있거나 무지로 인해 자폐 아이를 별종으로 취급하는 사람들이 대다수다.

아이와 키즈카페에 갔던 적이 있다. 그날은 여름방학 돌봄교실에 투입할 인력을 구하느라 나도 정신이 없었다. 각종 사이트에 인력 구인 광고를 올려대고 있는데 아이가 키즈카페 사장과 어떤 엄마 둘과 함께 걸어왔다. 키즈카페 사장은 곤란한 표정을 지으며 아이가 다른 테이블의 돈가스를 먹지 말라고 했는데도 먹었다고 했다.

나는 얼른 가서 아이가 발달장애가 있어서 그랬던 것 같다며 죄송하다고 연신 머리를 숙여 사과를 드렸다.

"너무 죄송합니다. 저희 애가 발달장애가 있어서요. 그래서 실수를 한 것 같아요. 다시 한번 죄송합니다. 제가 돌봄 때문에 잠시 핸드폰을 확인하는 중에 아이가 돈가스를 먹은 거 같아요. 저희 아이가 먹은 돈가스는 제가 다시 주문해 드리겠습니다"

"괜찮아요"

"그럼 저희가 너무 죄송한데… 돈가스 금액만큼 다른 과자나, 음료수를 사드리면 어떨까요?"

"아니에요. 괜찮아요"

'괜찮다'고 대답하는 엄마 옆에서 불편한 표정으로 지켜보던 다른 엄마가 입을 열었다.

"아이 밥 안 먹였어요?"

"네? 아니에요. 집에서 먹고 왔는데…"

"밥을 먹이고 놀게 해야지, 밥도 안 먹이고 놀라고 하면 어떡해요?"

밥을 먹고 왔다는 대답에도 밥도 안 먹이고 애를 풀어놓았다고 타박하기 시작했다. 나는 차분히 상황을 설명했다.

"키즈카페 오기 전에 집에서 밥을 먹고 왔어요. 놀다가 배가 고플까 봐 아이가 좋아하는 간식도 테이블 위에 올려두었는데도 자기가 좋아하는 돈가스가 눈앞에 있어서 먹은 거 같아요. 다시 한번 죄송합니다."

밥을 안 먹였다고 타박할 땐 오해만 풀면 모두 해결될 거로 생각했다. 하지만 충분한 설명에도 흥분은 쉽게 가라앉을 기미가 보이지 않았다. 급기야 넘지 말아야 하는 선을 넘는 표현들이 등장하기 시작했다.

"아니 이런 애를 키즈카페에 데려오면 어떡해요? 그리고 데려왔으면 잘 봐야지."

거듭되는 사과에도 날 선 표현들이 계속되자 나의 인내심이 점점 바닥을 향해갔다. 그럼에도 한번 시작된 상대의 말은 물꼬가 터져버린 것인지 쏟아져 나와 나를 찌르고 할퀴어댔다.

"애를 데려 왔으면 부모가 책임져야지. 이런 애를 키즈카페에 풀어 놓고 핸드폰을 하면 어쩌자는 말이에요? 제대로 감시해야 할 거 아니에요?"

"다시 한번 죄송합니다."

나는 아이의 손을 잡고 키즈카페를 나왔다. 많은 생각이 들었다. 내가 지금 처한 상황이 어떤지 곱씹어봤다. 문제가 된 돈가스

배상에 관해 얘기할 때, 상대는 거부했다. 그러면 부모가 책임져야 할 문제는 해결된 상태다. 그래도 죄송하다고 계속 말하며 사과도 했다. 도의적으로 미안함도 최대한으로 표현했다. 그런데 옆에 있던 일행이 현재 돈가스 문제와 별개인 아이의 장애 여부로 모욕했다. 아이가 발달장애가 있어 주의가 남들보다 더 필요할진 몰라도 가면 안 되는 장소를 갔던 것도 아니다. 그런데 나는 상대가 어떤 모욕을 하던 죄송하다고 말했어야 했나, 아니면 그녀의 발언이 장애인 차별적인 발언이며 잘못되었다고 말했어야만 했나. 머릿속이 복잡해졌다.

내 표정이 변하는 것을 느꼈는지 일행 엄마가 말한다. 우리 아이들이 돈가스를 다 먹고 남긴 건데 아이가 먹어서 혹시나 배탈이라도 날까 봐 부모를 찾은 것이다. 괜찮다. 걱정하지 마시라고 했다. 그 엄마를 향해 정말 죄송하다고 말하고 아이를 데리고 돌아서는데 많은 생각이 들었다. 우영우의 인기가 최고점을 향해 달리고 있을 때 그런 일이 발생했으니 나로써는 별별 생각이 다 들었다.

키즈카페 사건이 있고 집에 와서 우영우 드라마를 보는데 허탈했다. 포털에 들어가면 하루에도 수십 개의 자폐와 관련된 기사들이 쏟아져 나왔다. 내가 딛고 있는 현실은 아직도 정글과 다름없는데 저 드라마 속 영우와 동그라미는 너무도 동화같이 예쁘게만 그려져 있어 웃음이 났다.

느리게 성장하는 아이   47

'그래, 우영우처럼 어떤 특출난 분야에 재능을 보이는 서번트 증후군의 아이만 사회에서 자폐 아이로 받아들일 수 있겠지. 그냥 조용한 자폐인만…'

이런 일을 겪을 때마다 나도 지친다. 우리 아이는 장애아동이다. 무엇이 옳은지 그른지 판단할 수 없는 상태다. 그래서 장애다. 극복이 가능한 것이 아니다. 그냥 그 자체로 끝이다. 치료제가 없는 신경질환인 자폐. 언제나 막막하다.

참고하며 읽은 책.

- 데번 프라이스 지음. 신소희 옮김.《모두가 가면을 벗는다면 : 자폐인 심리학자가 탐구한, 자신의 모습으로 살아가는 법》. 파주:디플롯. 2024.

- 사이먼 배런코언 지음. 강병철 옮김.《패턴 시커 : 자폐는 어떻게 인류의 진보를 이끌었나》. 파주:디플롯. 2024.

치료센터,
발품을
많이 팔아야 한다.

정말 아무것도 모를 때, 나는 센터라는 곳이 사설 기관이 아니라 정부나 지자체에서 운영하는 곳인 줄만 알았다. 그래서 처음 방문했던 곳도 내가 사는 지자체 이름이 가장 먼저 간판에 등장하는 곳이었다. 지금 생각해 보니 너무 순진하다 못해 바보 같은 생각이 아닌가.

비슷한 착각을 또 했는데, 센터가 병원과 같은 줄 알았다는 것이다. '발달'과 같은 단어가 들어가 있으니 당연히 병원인 줄 알았다. 나중에 알고 보니 병원은 진단을 받고 약을 처방 받을 수 있는 곳, 센터는 발달을 끌어올리기 위한 수업을 하는 곳이었다.

센터에 있는 선생님과 병원 의사가 무엇이 다른지도 모른 채 열심히 들락날락하며 선생님이 하는 말을 맹신했다. 처음 간 곳은 아이의 언어 발달을 도와주는 센터로 3년여를 다녔다. 다른 곳에 가봤자 거기서 거기일 거라는 생각을 하기도 했고, 센터를 바꾸면 아이가 적응하는데 힘들지 않을까 하는 생각이 들기도 했다. 지금 보니 나의 안일한 생각이 아이가 다닐 센터를 결정하는데 엄청난 악영향을 준 것은 아닐까 반성하고 있다. 이후, 다른 센터의 문을 두드린 이유는 다니던 센터에는 감각통합 수업이 없었기 때문이다. 시작은 우연한 계기였지만 이후 다양한 센터의 세계에 제대로 첫발을 디디게 되었다.

감각통합 수업은 불균형한 감각들을 평균선으로 맞춰주는 수업이다. 우리 아이의 경우, 시각이 무뎌서 더 예민하게 반응할 수 있다는 평가에 무딘 감각을 끌어올리는 방향으로 수업이 진행됐다.

센터는 면담을 1차로 실시한 후 수업이 진행된다. 보통 센터장과 면담을 한 이후 원하는 요일과 시간에 수업이 나오면 그곳과의 인연이 본격적으로 시작된다. 면담은 무료인 곳도 있고 돈을 내야 하는 곳도 있었다. 그러나 나는 센터장보다 담당 선생님과 첫 번째 면담을 하고 수업을 시작한 센터를 가장 선호한다. 아이의 상태를 정확하게 알려드리고 수업 방향을 잡을 수 있기 때문이다. 면담은 선생님에게 아이에 대한 이해를 높여 줄 수 있는 시간이기도 하지만, 선생님으로부터 아이에 대한 이해도를 높일 수 있는 시간이기도 하다.

아이의 발달을 위해서 우리 가족은 주말마다 온천에 갔다. 그 유명한 민간요법 탕치(湯治)를 하기 위해서였다. 탕치를 결심한 이유는 발달장애 아동에게 수영이 좋다고 하는데 수영 수업을 할 수가 없었기 때문이다. 장애아동을 받아주는 수영장과 선생님이 없고, 있다 하더라도 아주 먼 지역에 개설돼 있었기 때문이다. 어느 날, 내가 사는 곳과 20분 거리에 떨어져 있는 센터에서 수영 수업을 한다는 이야기를 들었다. 나는 곧바로 전화를 걸어 대기 명단에 이름을 올려놨는데 일 년째 감감무소식이었다. 그래서 대안으로 선택한 것이 아빠와 함께 수영장 가기였는데 전문가가 아니다 보니 아이를 가르칠 여력이 되지 않았다. 아이는 발이 닿지 않으니 "살려주세요~", "도와주세요~"를 외치며 버둥대기만 했다. 그래서 최후의 선택으로 온천에 가기 시작했다.

흥미롭게도 아이가 탕 속에 있는 것을 너무도 좋아했고 입욕 시간이 점점 늘어나며 물을 엄청나게 좋아하게 되었다. 면담 도중 이 얘기를 했더니 선생님이 설명했다.

"물에 들어가면 수압으로 몸을 눌러주기 때문에 균형이 잡힌 느낌이 들어서 좋아할 거예요"

그 말에 덧붙여 이불을 뒤집어쓰고 들어가 있지는 않느냐고 물어보셨다.

갓 신 내린 무당을 영접한 것처럼 나는 소름이 돋았다.

"네! 맞아요!"

"그것도 압력을 통해 감각의 균형을 맞추는 행동인데 이불 뒤집어쓰면 편안함을 느끼니까 너무 제재하지 마세요."

면담하다가 이렇듯 뜻밖의 정보를 얻을 때가 많다. 특수체육 때문에 갔던 면담에서는 아이의 동영상을 5초만 보시고도 문제점을 파악하셨다.

"대근육 발달 속도가 느려서 줄넘기할 때 팔을 쓰려고만 하니 허리를 숙여서 줄이 걸리는 거예요."

이럴 때 나는 속으로 '유레카!'를 외친다. 여기는 꼭 다녀야겠다는 생각이 확고해지는 순간이다.

지금까지 아이가 다닌 센터는 총 여섯 군데였는데 지금 생각해 보니 센터도 발로 뛰면서 여러 군데를 돌아다니고 선택해야 했던 것 같다. 나는 센터 수업을 너무 맹신했던지라 그냥 가서 수업을 듣기만 하면 계속해서 좋아질 거란 믿음만 있었지 무엇이 아이를 좋게 할 것인지에 관해서는 깊이 고민해 보지 않았다. 지금 생각해보니 면담도 해보고 센터 내 분위기도 어떤지 꼼꼼히 따져봐야 했는데 그러질 못했다. 나의 게으름 때문에 돈은 돈대로 쓰고 실패도 많이 경험한 것이다. 센터 선택의 시행착오 과정에서 아이가 힘들었을 것을 생각하면 아이에게 한없이 미안해진다.

센터 선택 시 팁이 있다면 나는 센터 분위기를 보라고 많이 조언을 해준다. 분위기를 확실히 느낄 수 있는 곳은 대기실이다. 대기실에서 꼼꼼히 살펴봐야 하는 것은 우리 아이의 선생님뿐만 아니라 다른 선생님들의 표정, 대기하고 있는 학부모들의 대화다. 이것을 관찰하다 보면 그곳의 분위기를 알 수 있다. 대기실 분위기를 살피라고 해서 간혹 조명이 밝은지 실내가 깨끗한지를 살피라는 의미로 잘못 이해하기도 한다. 물론 대기실이 밝고 깨끗하다면 아이들이 수업을 받는 곳도 쾌적한 경우가 많다. 하지만 기분이 좋아지는 인테리어라고 해서 수업의 질이 높다는 것을 의미하진 않는다. 인테리어는 인테리어일 뿐이다.

어떤 센터는 카리스마 있는 원장님이 아이 한 명 한 명에게 관심을 두고 센터 전체의 수업과 학생들을 일일이 점검하는 곳도 있다. 어떤 센터는 선생님들이 아이 자체를 정말 좋아하셔서 자기 수업을 듣지 않는 아이에게도 애정 넘치게 대해 주는 곳도 있다. 어떤 곳은 데스크부터 업무처리가 딱딱 나뉘어있어 선생님들이 수업에만 집중할 수 있게 운영한다. 행정 처리에 에너지를 쏟지 않아도 되니 확실히 수업의 질이 높다. 이런 곳일수록 선생님들의 표정이 밝다. 선생님들의 표정이 좋아야 아이에게 가는 긍정적인 영향도 크다.

더 중요한 것은 아이를 잘 이끌어 주시는지의 여부다. 아이도 수업을 받다 보면 받기 싫을 때가 있고 꾀가 나기 마련이다. 이럴 때 수업을 잘 주도해서 아이를 리드할 수 있는지가 중요하다.

내가 정말 신기하게 봤던 것이 있다. 우리 아이는 활동보조 선생님이 데리고 다니기에 수업 이후 학부모 10분 상담을 할 수가 없었다. 그런데 언제부턴가 나에게 전화를 주시는 선생님이 생기기 시작했다. 한 달에 한 번 나에게 전화해 아이가 이번 달에 얼마나 좋아졌는지 내가 집에서 무엇을 해주어야 하는지, 다음 달 수업 목표는 무엇인지 알려주셨다. 이렇게 전화를 주시는 선생님의 경우, 책임감도 실력도 확실히 좋다. 아이가 좋아지는 것이 눈으로 보일 정도이다.

안 좋은 센터는 시간과 비용은 많이 투자했는데 아이의 발전이 전혀 없는 곳이다. 선생님과 아이의 합이 잘 안 맞아서 그럴 수도 있고 선생님의 실력이 그만큼 뒷받침되지 않아서 그럴 수도 있다. 아이의 발전이 없다 싶으면 인정에 끌리지 말고 바로 그만둬야 한다.

가장 속상했던 일은 아이가 입술 사용을 잘 안 해서 알아듣지 못한 것인데 말이 안 트인 줄 알고 손으로 새로운 언어를 가르친 언어수업이다. 문제는 말하느냐 마느냐인데 주야장천 손으로 글을 쓰고 새로운 단어를 외우게 했으니 도움이 될 리가 없었다. 이 사실을 알고 난 후, 인터넷 검색을 총동원해 어느 센터의 언어 수업이 좋은지 알아내 바로 대기를 걸었다. 바로 수업을 바꾸고 싶었지만 그러지 못했다. 코로나19 이후 언어 수업 대기가 길어진 탓이다. 불행 중 다행스럽게도 두 달 만에 자리가 났고 바로 센터를 옮겼다.

잠깐만 봐도 내 아이의 상태가 어떤지 바로 설명해 주시는 선생님이 있는가 하면, 아닌 분도 있다. 여러 센터를 다니다 보면 좋아하는 선생님을 만날 확률도 높지만 그렇지 못한 경우를 경험할 때도 더러 있다. 일부 학부모들은 카리스마 있는 스타일을 선호하는 경우도 있지만, 나와는 잘 맞지 않았다. 비관적인 상황에서도 긍정적인 태도를 고수하려는 내게 아이의 미래를 두고 마치 협박하듯이 으르는 경우도 있었는데 이 역시 나와는 잘 맞지 않았다.

본인의 전문성을 내세워 학부모가 잘 모른다는 전제 하에 이야기를 하는 선생님도 있다. 이런 선생님의 경우, 쓸모없이 영어를 섞어가면서 대화의 주도권을 가지려 하는데 이러한 소모적인 기싸움은 사람을 정말로 지치게 만든다. 정작 중요한 것은 아이의 상태를 제대로 파악하고 학부모 눈높이에 맞춰 설명을 하는 것인데 말이다.

한 번은 선생님이 아이가 장난감과 장난감 사이를 보네요? 라고 말한 적이 있다. 내가 알아듣지 못하는 표정을 하자 아이가 어떻게 했는지 똑같이 재연을 해주셨다. 나는 의아했다.

"이게 왜 문제 되는 행동이에요?"

"안 좋은 행동이니깐요"

나는 더 설명이 필요했다. 안 좋다면 뭐에 안 좋은지, 지금 아이가 어떤 단계로 나아가야 하는데 지금 나아가지 못하고 있는지 그런 추가적인 설명이 필요했다. 재차 설명을 요청하자 동어 반복 같은 이야기가 나왔다.

"장난감이 있으면 장난감을 가지고 놀아야 하는데 그 틈을 보고 있으니 안 좋죠"

설명 듣기를 포기하고 집으로 돌아와 관련 논문들을 열심히 찾아보았다. 안 좋은 행동인 것은 선생님 말대로 맞았다. 그 이유는 아이의 행동이 시각추구에 머물러 있어서였다. 장난감을 보면 가지고 놀고 싶다는 욕구가 들어야 하는데 우리 아이는 장난감 사이에 들어오는 빛을 하염없이 쫓고 있었던 것이다.

설명을 만족스럽게 듣지 못했지만, 수업은 계속해서 진행됐다. 그렇게 두 달째에 접어들 때 아이가 수업을 거부하기 시작했다. 센터로 향하는 엘리베이터를 타려고 하자 아이는 엘리베이터 안에 들어가지 않겠다고 양손 벌려 벽을 짚고 버티기 시작했다. 시간이 한참 지나서 생각해 보니 아이의 거부가 아니었으면 또 아무 생각 없이 보냈겠지 하는 생각이 들었다. 어쩔 땐 아이의 타협 없는 거부가 내게 도움이 될 때가 많았구나 싶다.

가장 중요한 이야기를 빼먹었다. 센터 비용이다. 수업비용이 정말 만만치 않다. 우리는 정부 보조금 이외에 월에 약 160만원의 비용을 아이의 치료를 위해 지출하고 있다. 대부분 센터 비용이다. 아이의 발전이 지지부진하면 센터에 보내지 않았겠지만, 좋은 센터, 좋은 선생님을 만나서 급성장하고 있기에 그만

둘 수가 없다.

남편에게 가끔 말한다.

"힘들지 않아요? 아이에게 돈이 많이 들어가는데 …. 부담되면 말해요. 줄일 수 있는 수업이 있는지 볼게요."

"지금이 아니면 시기를 놓칠 수 있으니까, 힘들어도 계속 보내는 게 좋을 거 같아"

남편이 지고 있는 삶의 무게를 알기에 나 또한 전심전력으로 임해야겠다는 다짐을 다시 한번 했다.

가끔, 인터넷 카페에 올라온 글들을 보면 헉할 때가 있다. 한 달 월급만큼 돈을 내야 하는 수업이 있는데 그마저도 대기가 길다는 글, 아이 센터비용 때문에 노후는커녕 당장 생활비를 줄이느냐 마느냐로 고민하고 있다는 글, 돈이 없어 센터를 줄여서 걱정된다는 글 등. 센터비에 관한 글이 심심치 않게 올라온다.

그래서 그런 것인지 물가가 오른 것을 반영해 정부 보조금이 아주 조금 올랐다. 보조금이 올랐으니 그만큼 숨 쉴 구멍이 있지 않을까 기대를 했지만 야속하게도 센터비는 너무 큰 폭으로 올라버렸다.

가끔은 밑 빠진 독에 물 붓는 느낌이 든다. 센터를 다니면 드라마틱한 변화가 생길 줄 알았지만 그렇진 않다. 가랑비에 젖는 듯 아이는 아주 조금씩 좋아지기에 지치는 순간이 부지불식간에 찾아온다. 그만 다닐까 하다가도 아이가 후퇴했을 때를 생각해 보면 그래도 조금씩 나아지는 게 어디냐는 생각에 두 다리에 힘을 주고 버티고 있다.

아이를 센터로 보낼 때마다 언제쯤 치료가 종료되었다는 말을 들을 수 있을까?를 생각한다. 아이가 호전되어 더 이상의 치료는 필요 없다는 말을 너무도 듣고 싶다. 치료 종료라는 말이 너무 큰 욕심인걸까? 큰 욕심이더라도 아이의 엄마니깐 우리 아이가 조금이라도 나아지기를 바라니깐 꿈꾸기를 포기하지 않는다. 언젠가 그 말을 듣는 날을 그리며 오늘도 아이를 센터로 보낸다.

활동보조,
최대한
활용하자!

아이들의 정보를 얻을 수 있는 인터넷 카페에 가면 활동보조에 관한 문의 글이 자주 올라온다. 그만큼 발달장애 아이를 위한 활동보조 서비스가 간절하게 필요하다는 이야기다. 나는 장애아를 도와주는 시스템이 있다는 것을 초등학교 입학 전에 알았다. 유치원 선생님의 현실적인 조언 덕분이었다.

그런 건 지체 없이 실천하는 편이니 활동보조를 구하기 위해 바로 행동에 나섰다. 주민센터에 가서 도와줄 분을 구하려는데 당장 학교로 들어갈 수 있는 선생님은 없다고 했다. 대신 활동보조와 관련된 서류 접수를 진행할 건지 물어봤다. 아쉬운 대로 서류를 접수하고 왔다. 유치원 선생님은 분명히 학교에 들어갈 수 있는 사람을 구할 수 있다고 했는데 주민센터에서는 없다고 해서 적잖이 당황한 채로 집으로 돌아왔다. 그리고 얼마 뒤에 입학식을 맞이했다.

내가 너무 나이브했던 것일까? 아님 대한민국 공교육에 환상이 있었던 것일까? 학교에서 어느 정도 아이를 위해 준비를 했을 줄 알았는데 전혀 준비돼 있지 않았다. 입학 첫날부터 사고가 터졌고 아이의 돌발행동에 학교는 적절한 대응을 못했다. 아이는 입학식 도중 밖으로 나가겠다고 발버둥을 쳤다고 한다. 나라도 현장에 있었다면 아이를 진정시키고 주변 선생님께 적절한 행동을 요구했을 것이다. 아쉽게도 나는 코로나 때문에 함께 교실에 있지 못했다.

입학식 소동 이후 교장 선생님께서 긴급히 활동보조 요청을 하셨다는 연락이 왔다. 사후라도 장애 아동에 대한 학교의 조치가 이루어져 다행이라고 마음을 쓸어내렸지만, 나는 뭘 믿고 아무런 준비도 없이 아이를 보냈을까 자책했다. 감상에 젖을 새도 없이 지난번 신청했던 활동보조 서류가 처리됐다는 메시지가 와 급하게 복지관에 연락했다. 며칠 지나지 않아 활동보조 매칭이 이루어졌다.

아이의 첫 활동보조 선생님은 싹싹한 인상의 젊은 여자분이셨다. 자폐 스펙트럼에 대한 이해도도 높아서 일하는 것은 처음이지만 어려운 일이 없을 거라고 말씀하셨다. 차분히 이야기하시는 선생님을 마주하자 입학식 때 소동도 학교 적응에 대한 막연한 불안감도 많이 해소되었다. 그렇게 입학 후, 열흘 즈음 뒤에 활동보조 선생님이 학교에서 아이를 보조해 주시기 시작했다. 나중에 알게 됐는데 나는 운이 매우 좋은 편이었다. 활동보조를 구하기 위해 대기를 걸어 놨는데 매칭이 안 되고 있다는 글을 무척이나 많이 보았기 때문이다.

특히나 지원받은 시간이 적으면 적을수록 매칭이 안 되는 경우가 많고 힘들게 활동보조를 구해도 일하는 분이 생업으로서 이 일에 임하다 보면 자칫 아이에 소홀해지기 쉽다. 또 노동환경에 대한 요구만 많아지는 경우가 허다하다고도 들었다. 나 또한 아이 센터 대기실에 있다 보면 좋은 활동보조 선생님을 보기도 하지만 저분은 우리 아이의 활동보조 선생님이 아니었으면 좋겠다고 생각이 드는 분들도 많이 보았다.

한번은 어떤 아이가 수업에 들어가지 않겠다고 떼를 쓰며 선생님의 손을 뿌리치고 활동보조를 붙잡았는데 활동보조 선생님이 아이에게 내뱉은 말에 무척 놀랐다.

"너 이렇게 하고 가서 엄마한테 이상한 말 할 거 아니야? 저리 가!"

자기 감정표현에 서툴다고 해서 기계도 물건도 아닌데 격양된 표현을 아이에게 아무렇지도 않게 하는 모습을 보고 활동보조라는 제도에 회의감이 든 적도 있다.

보조 난도가 낮은 아이를 발견하면 슬그머니 자신의 연락처를 건네주는 활동보조 선생님도 보았다. 자신이 돌보는 아이의 활동보조를 그만두고 갈테니 활동보조가 필요하면 연락 달라는 말도 덧붙였다. 누구나 자기 몸 편한 게 좋고 쉬운 일을 좋는다지만 우리 아이가 '저리가!'라는 말을 듣는다면, 아이를 옆에 두고 다른 아이 부모에게 가서 '그만두고 갈테니 연락 달라'는 말을 건네는 선생님을 만난다면, 부모로서 너무 속상할 것 같다. 구하기 힘들더라도 정말 아니다 싶으면 빨리 재매칭을 받는 것이 서로에게 좋을 것 같다.

우리 아이의 활동보조 선생님은 학교에서 아이를 보조하고 오늘은 어떻게 생활했는지 매번 문자를 보내주신다. 그래서 아이가 학교에서 잘 적응하고 있는지 부족한 점은 무엇인지 내가 매일매일 알 수 있다. 또, 센터 이동 사이에 시간이 좀 남으면 대형마트나 문구점 등에 아이를 데리고 가서 무언가를 고르고 계산하는 것 등을 연습시켜 주시거나 점심을 많이 먹지 못했다면 중간에 아이를 데리고 가 간식으로 보충해주시기도 한다. 일상생활을 보여주고 연습시키는 것이 얼마나 힘든 일인 줄 알기에 선생님의 이런 도움들이 너무 감사하다.

활동보조 선생님은 아이 발달에 대해 내가 놓치거나 간과하는 부분들에 대해서도 빠짐없이 체크해주신다. 센터 선생님에게 학교에서 이러한 점이 잘 안되니 더 부탁드린다던가, 일상생활에서 이러한 점이 안되니 연습시켜 달라거나 특정 장소에서 아이가 갑자기 거부하는 것들이 생기면 그러한 점도 잡아달라고 말씀해 주신다. 가끔 센터 선생님들이 내게 연락이 와 활동보조 선생님의 칭찬을 늘어놓는 경우도 많다.

"어머니, 활동보조 선생님 어디서 구하셨어요? 너무 좋으세요. 오늘 상담시간에 아이가 미용실에서 갑자기 거부 행동을 했다고 설명하시면서 이 부분 도와달라고 말씀하고 가셨어요. 다음 수업 때 활동보조 선생님께서 말씀해 주신 부분 반영해서 수업 진행해 보려고요."

아이의 활동보조는 활동보조이자 자폐 스펙트럼을 가진 선배 학부모이다. 아이가 몇 학년 때 어느 정도 수준이 올라와야 하는지, 어떤 점은 선생님께 더 부탁해야 기능을 끌어올릴 수 있는지 잘 알고 계셨다. 나는 정말 운이 좋았던 것이다.

활동보조와 시간이 맞지 않을 땐 대학생 아르바이트생을 구해 도움을 요청하기도 했다. 아이가 1학년 때, 특수학급 학생을 위한 봉사자 선생님이 오셨는데 아이의 반응이 그 어느 때보다 폭발적이었다. 봉사자 선생님을 너무도 좋아했다. 방학이 되면 봉사자 선생님을 만나지 못한다는 것을 아이에게 어떻게 알려야 하나 고민하던 차에 넌지시 선생님께 여쭤보았다. 여름방학 동안 시간을 내줄 수 있냐 물었고 선생님은 흔쾌히 수락해 주셨다.

대학생 선생님은 관련 학과에서 공부하고 있는 분이어서 아이와 단순히 놀아주는 시간도 아이의 정서와 신체발달에 도움이 되는 놀이를 하셨다. 소근육 발달이 생각보다 높지 않다는 ABA 선생님의 말씀에 걱정이 됐는데 대학생 선생님이 색종이와 가위를 이용해 눈꽃 모양이나 거미줄 만들기로 아이와 한참을 놀아주시니 아이의 소근육 발달이 빠르게 올라갔다. 색종이 접기도 가르쳐 주셨는데 한동안 온 집안에 색종이들이 넘쳐날 정도로 아이가 좋아했다.

친구들과 노는 방법도 알려주셨는데 아이가 다른 친구들과 젠가를 하거나 마음에 드는 친구 옆에 가서 디폼 블록을 하는 수준까지 발전했다. 아이가 친구들에 관한 관심이 늘어나기 시작하자 나와도 소통이 되는 느낌이 들기 시작했다. 예전엔 아무리 얘기해도 아이가 듣고 있다는 느낌이 들지 않았는데 이제 뭔가 주고받고 있다는 느낌이 들었다.

대학생 선생님은 아이가 새 학년에 올라가기 전마다 적응 훈련을 도와주시기도 했다. 돌봄 쉬는 시간을 이용해 새로운 반에 찾아가 가방을 정리하고 자리에 앉는 일련의 등교 과정을 차분히 설명해주셨다. 3월이 되어 새로운 교실과 선생님, 친구들에 아이가 당황하지 않도록 충분히 훈련시켜 주셨다. 내가 부탁하지 않았는데도 이런 연습을 시켜주셨다는 것은 정말로 감사한 일이다.

대학생 봉사자 선생님은 1학년 여름-겨울, 2학년 여름-겨울 방학을 아이와 함께 해주셨다. 아이가 초등학교 3학년이 되고 더 이상 선생님과 만날 수 없게 되자 아이도 나도 무척 아쉬웠다. 돌봄은 초등학교 2학년까지만 참여할 수 있기 때문이었다. 미련은 무척 남지만 2년이라는 시간이나마 아이가 좋은 선생님을 만날 수 있었기 때문에 감사하다.

엄마가 가장 좋은 선생님이라고는 하지만 엄마도 자폐 스펙트럼을 가진 아이를 돌보는 것이 처음이기에 옳은 방향으로 이끄는 것은 아니다. 이럴 때 나를 도와줄 수 있는 사람을 적극적으로 구하는 것이 좋다. 활동보조는 자부담금이 있지만 소득에 맞게 다달이 보조금이 나오므로 숨쉬기 어려울 정도의 비용이 드는 것은 아니다. 그 외에 오로지 자부담으로 보조를 구하게 되면 조금 부담은 되지만 나의 경우엔 일을 해야 했기에 다른 생활비를 많이 줄여 구했다. 돈만 있다면 급할 때 요청하는 것이 아니라 고정적으로 구인해서 아이의 사회성을 더 끌어주면 좋겠다는 생각을 할 정도였다.

급여는 사회서비스전자바우처 사이트를 참고했다. 바우처 사이트 기준 2024년 장애인 활동보조의 시급은 14,020원이다. 나는 추가로 인력을 구할 때엔 기준 시급에 비용을 조금 더 보태서 급여를 드렸다. 발달장애 아동을 돌보는 것이 여간 까다로운 것이 아니기 때문이다.

아직 개선해야 할 것이 많지만 내가 이용하는 이 모든 사회제도들이 장애아동을 가진 선배 엄마들의 지속적인 요구를 통해 생겨나고 보완되었다고 생각한다. 이용하면서도 항상 고맙게 생각하며 나도 뒤를 따를 누군가를 위해 뭔가를 해야겠다는 생각을 매번 한다.

언어발달,
느려도
너무 느려요

2년 전의 일이다. 갑자기 도어락 열리는 소리가 들려서 현관으로 급히 달려갔더니 아이가 신발을 신고 나가려는 중이었다. 빨리 들어오라고 한 뒤에 어디 가려고 문을 열었냐고 계속해서 물어봤다. 15분 동안 아이 손을 잡고 답이 나올 때까지 물어봤는데 아이는 어디 가려고 했냐는 내 말만 따라 할 뿐이었다. 그렇게 나도 지쳐갈 때쯤 아이가 드디어 대답했다.

"편의점"

'아, 편의점에 가려고 했구나'

나는 아이의 손을 잡고 차분하게 설명했다.

"알았어. 엄마랑 같이 가는 거야, 혼자 가는 거 아니야."

반신반의한 마음으로 아이의 손을 잡고 편의점으로 데리고 갔다. 아이는 나와서 좋은지 경중경중하며 앞서 걷다가 편의점으로 들어가 고래 과자를 골라 왔다.

'아, 정말로 편의점이었구나'

말이 왜 이렇게 더딘 것인지, 언어 치료를 한 지 4년쯤 됐는데도 아이는 제대로 된 답을 하지 못한다. 나도 왔다 갔다 하는 핑퐁대화라는 것을 해보고 싶은데 현실은 무반응과 반향어의 향연이었다.

반향어라는 것은 사람이나 기계의 말을 듣고 그대로 따라 하는 것인데 이게 가끔은 속을 뒤집어 놓을 때도 있다. 검사하러 들어가서 검사지는 보지 않고 검사를 진행하시는 선생님의 말만 따라 할 때는 반향어를 왜 쓰는지 쓸 수밖에 없는지 너무도 잘 알면서도 마음이 조급해진다.

'그래도 이름은 제대로 말해야지'란 생각에 우리 부부는 아이를 붙잡고 이름 말하기를 연습시킨 것만 수천수만 번이다. 남편이 아이에게 물었다.

"이름이 뭐야"

"······."

"저는 OOO입니다"

"입니다"

"저는 OOO입니다"

"입니다."

"저는 OOO입니다"

"입니다."

"저는"

"저는"

"OOO"

"OOO"

"입니다"

"입니다"

"저는 OOO입니다."

"입니다"

저 8글자를 몇 번이고 반복했다. 나중엔 내가 보다 지쳐서 더는 시키지 않았다.

'아, 정말 암담하다.'

그래서 다 포기하고 싶다고 생각할 때가 있다. 그럴 때면 희한하게도 아이가 절망에서 나를 구원해 준다. 아이가 핸드폰을 내게 가져오면서 말했다.

"아빠!"

내가 아이를 물끄러미 바라보며 대답하지 않자, 아이는 어떻게든 아빠에게 전화해달라고 말로 표현하기 위해 노력했다.

"아빠 주세요. 아빠 전화해. 아빠 전화 주세요. 아빠 전화해 주세요. 아빠한테 전화해 줘!"

제대로 된 문장이 나와서 전화를 걸어줬다.

"아빠 와주세요. 아빠 빨리 와!"

한 줄기의 희망을 보고 우리는 또 기대하고 말을 가르쳐 보지만 아이는 우리의 말을 그대로 따라 할 때가 많다. 어쩔 땐 말로 표현을 못 하면 몸이 먼저 나가 사고를 칠 때도 있다.

'아, 정말 어쩌란 말인가!'

도무지 뭘 해줘야 하는지 모르겠다. 다 포기하고 싶다고 생각할 때 우리를 구원하는 건 아이다.

"핸드폰!"

"핸드폰 왜 뭐? 어떻게 해달라고?"

"충전해"

"엄마 핸드폰 먼저 충전할 건데?"

"(핸드폰을 가리키며) 영!"

아이가 쥐고 온 남편의 핸드폰을 바라보니 방전이 되어 있었다. 남편 핸드폰의 배터리가 0이라고 알려주면서 아이와의 대화가 종료됐다.

'오, 뭔가 주고받았다. 이거 처음인데?'

신기했다. 그 뒤로도 아이는 아무 변화가 없다가 갑자기 한 걸음 내디뎠다 또 한참을 기약 없이 제자리걸음만 하다 또 좋아지기를 반복했다. 나는 답답했다. 성장의 계기가 분명히 있을 건데 그게 잘 잡히지 않았기 때문이다.

아이가 언제 가장 많이 변하는지 유심히 관찰했다. 확실히 낯선 곳에 가면 처음 듣는 말을 할 때가 많았다. 작년 크리스마스 이브에 남편이 갑자기 놀러 가자고 제안해 급히 숙소를 잡아 속초로 떠났다. 1층에서 체크인을 하는데 아이가 손가락으로 편의점을 가리켰다.

"편의점 가요!"

그래서 남편이랑 같이 가라고 보냈더니 남편이 웃으면서 돌아온다.

"'젤리 여기 있어요!'라고 말해서 사줬어."

그날 저녁, 아이는 대게 집에 가서는 앉자마자 옆 테이블을 힐끔거렸다. 옆 테이블에선 대게 라면을 먹고 있었다.

"라면 먹고 싶어요"

"그래, 엄마가 봐도 대게 라면은 맛있어 보여"

이래서 밖에 나가라고 하는 건가. 우리는 기꺼운 마음으로 아이의 입맛까지 자극하는 대게라면을 시켜 맛있게 먹었다.

아이가 또 말을 많이 할 때를 찾아봤더니 여동생이랑 싸울 때였다.

"△△아~ 이리 줘"

"싫어, 나 아직 다 안 했어!"

"핸드폰 줘!"

"오빠는 양보도 안 하고"

남매의 싸움은 단순 말다툼에서 육탄전으로 변해갔다. 2살 터울의 여동생은 핸드폰을 빼앗기지 않기 위해 발버둥을 치다 아이를 발로 쳐버렸다.

"△△이 하지마!"

핸드폰 하나로 싸우는 모습만 보면 말이 다소 느린 것만 빼고는 여느 현실 남매와 다를 바 없는 모습이다. 나도 딸처럼 아이와 투닥거려 볼까? 별의별 생각들이 머릿속을 스쳐 지나갔다.

집 근처 도서관에 언어발달장애에 관한 책을 검색해 보았다. 있다. 내일 가서 책을 좀 찬찬히 보고 필요한 부분을 복사해 오려고 도서관 청구기호를 캡처했다. 갑자기 서러움이 밀려온다. 아이의 센터비 때문에 매달 지출하는 돈이 많아 올해 창업을 하려고 준비 중인 내 모습, 아이 때문에 직장에 단축 근무를 신청하고도 재택근무로 돌린 내 모습, 논문만 쓰면 학위를 받는데 모든 걸 중단한 내 모습, 옷 하나 제대로 사 입지 못하는 내 모습, 수면장애가 와서 한두 시간 자다가 깨는 내 모습. 무너진 내 모습들만 머릿속에 동동 떠 있다. 언제즈음이면 우리 아이와 신나게 대화할 수 있을까.

제2장

아이의 속도,
부모의 속도

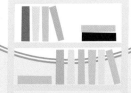

아이의 속도,
부모의 속도

아이가 또래보다 발달 속도가 느려도 크게 조급하지 않았다. 남편도 어린 시절 아이와 비슷한 부분이 많았기 때문에 다른 아이들보단 느릴지라도 아이의 성장에는 전혀 문제가 없을 것이라 생각했다. 하지만 말이 늦게 트이는 것만큼은 낙관적인 나라도 조바심이 나지 않을 수 없었다.

남편의 성장에서 아들과 다른 점은 딱 하나, 말을 일찍 했다는 것이다. 첫돌 때 "돌 떡 드세요~"하고 아장아장 걸으며 떡을 돌렸다고 해서 처음엔 믿지 않았다. 하지만 많은 이의 기억 속에 남편의 모습은 그렇게 그려져 있었다.

남편의 어릴 적 이야기를 듣고 있으면 언어가 트이면서 아이의 발달이 올라간다는 주변의 이야기가 못내 마음이 쓰였다. 우리 아이는 8살 때까지 온전한 문장을 이야기하지 못해 단어로만 소통했고, 초등학교 2학년이 되어서도 주고받는 대화가 3회 이상 지속된 것이 손에 꼽을 정도다.

'너가 느린 건 엄마가 아주 아주 많이 이해하고 기다려 줄 수 있는데, 그래도 대답은 해주라'

어디에도 풀어내지 못한 답답한 속을 아이에게 모두 끄집어내 보여줘도 아이는 알까? 내 마음을 알아차리고 '미안해'. '괜찮아', '조금만 더 기다려줘'라는 말을 해주는 날이 올까?

'아니, 내 속은 너가 몰라도 너의 속마음이라도 이야기 해줬으면…'

여전히 우리는 서로의 속을 모른 채 깜깜한 터널을 걸어가고 있다. 힘들고 무섭지만 괜찮다. 아이의 두 손 꼭 잡고 저 멀리 빛이 비치는 곳까지 걸어갈 것이다. 아주 많이 늦어져도 상관없다. 꼭 끝까지 함께 도착할 것이다.

치료 종료 선언,
이제 그만와도 됩니다

ABA(Applied Behavioral Analysis, 응용 행동 분석) 치료를 시작한 지 1년 2개월 되던 날, 문득 아이가 얼마나 좋아졌는지 궁금해졌다. 담당 선생님께 말씀드렸다.

"치료받은 지 1년이 넘었더라고요. 초반이랑 비교해서 아이가 얼마나 좋아졌는지 볼 수 있을까요?"

"벌써 1년이 지났나요? 다음번에 만날 때 정리해서 보여드리겠습니다."

그리고 한 달 뒤, 선생님은 종이를 내미셨다. 1년 전에 측정한 지표는 파란색, 이번에 측정한 것은 빨간색으로 표시돼 있었는데 누가 봐도 결과가 확연히 차이나 있었다. 헛된 희망이나 눈가리고 아웅식의 좋은 것만 보려는 것이 아닌, 객관적으로 좋아진 수치였다. 가슴이 벅차올랐다. 그런데 감동을 충분히 즐길 새도 없이 선생님은 내가 흥분할 수밖에 없는 소식을 던져주셨다.

"맨드 하나만 2개월 정도 집중하고 ABA 치료 종료하면 될 것 같습니다"

종료? 좋아진 지표만으로도 가슴이 터질 것 같은데 내 인생에 없을 거 같았던 '치료종료' 선언을 드디어 듣게 되다니. 나는 입꼬리를 귀에 걸고 반가운 소식을 남편에게 전했다.

"드디어 들었어요!"

발달장애 아이의 부모가 가장 듣고 싶어 하는 말은 무엇일까? 나는 단연코 '치료 종료'라는 말이라고 생각한다. 우리 아이의 상태가 많이 호전돼 이제 더 이상 발달센터를 가지 않아도 된다는 말이 바로 '치료종료' 선언이다.

이런 기쁜 일이! 갑자기 어깨춤이 두둠칫이다. 그동안 기분이 우울해서 땅굴을 파고 들어갔는데 갑자기 땅 밖으로 얼굴을 내민 디그다 같은 느낌이 됐다. 디그다~ 디그다~ 다그다그 디그다 ~♬ 얼마 전에 용하신 분을 찾아가서 촛불을 하나 켜고 왔는데 효험이 있던 걸까? 아니면 최근에 집중치료 했던 베라르 치료가 효과를 봤던 걸까?

아이 치료를 본격적으로 시작한 후, 남편과 나는 미친 듯이 뭔가를 찾아냈다. 다른 집도 마찬가지겠지만 아이가 느리면 뭘 해야 할지 도통 알 수가 없어 지푸라기 잡는 심정으로 이것저것 다 찾아보게 된다. 그중 하나가 ABA였다. 자폐 아동 치료의 기본 중의 기본이 ABA와 언어인데 우리는 ABA를 조금 늦게 시작했다. 아이가 좋아질 거라는 믿음 때문에 장애 등록도 늦게 신청했고 결과적으로 개입도 늦게 이루어졌다.

장애 등급을 받고 나서 얼마 뒤, 남편은 우리도 ABA 치료를 받아보자고 내게 제안했다. ABA를 듣고 이 집의 실제적인 행동대장인 내가 관련 정보 수집부터 위치, 치료 후기까지 찾아보기 시작했다. 남편은 항상 '뭐가 있다더라~'에서 끝나는 스타일이기에 센터를 찾고 상담을 받고 치료 일정을 짜서 아이가 치료를 받도록 하는 것은 모두 내가 처리해야 했다.

막상 치료에 대해서 알아보니 '이대로 해도 되나?'라는 주저함이 들었다. ABA 치료가 좋은 것은 잘 알겠는데 소요되는 비용이 내 예상을 훨씬 웃도는 금액이었다. 중소기업 신입 월급 정도 되는 돈을 한 번만 내면 되는 것이 아니라 아이를 치료하는 기간 동안 매달 지출을 해야 되는 금액이었다. 그래서 새로운 치료를 알았음에도 바로 시작하지 못하고 6개월간 주저만 하고 있었다. 자폐 아이에겐 ABA 치료가 기본이라는 소식을 접하곤, 이젠 더 이상 미룰 수 없다는 생각이 들었다. 때마침 남편의 수입도 올라서 ABA치료를 시작하기로 했다.

ABA 치료는 신세계였다. 특히 상담의 질이 무척 달랐다. 그동안 아이가 왜 그러는지 이해하지 못한 부분들을 선생님께서 이야기해 주셨다. 아이가 이불을 뒤집어쓰고 있는 이유는 이불의 무게로 자신을 눌러서 균형을 맞추고 있는 것이라는 얘기가 가장 인상 깊었다. 더워해도 괜찮으니 시골에 가면 볼 수 있는 광목 이불을 아이에게 줘도 좋다고 하셨다. 그 뒤로는 이불을 뒤집 어써도 내버려두고 있다.

그 외에도 여러 가지 특성에 대한 팁들을 얻어 왔는데 선생님에 대한 신뢰도가 확 높아졌다. 치료 비용도 다른 ABA 치료 센터에 비해서 저렴한 편이었다. '어? 여기 정말 정직한 곳인데?' 싶을 정도였다. 그렇게 ABA를 시작했더니 내가 모르던 아이의 발달 상황이 계속해서 잡혔다.

ABA 상담에서 지적해 주지 않았다면 아이의 근육발달 정도를 모르고 지나쳤을 것이다. 상담에 따르면 아이는 또래에 비해 현저하게 소근육이 발달이 떨어졌다. 아이는 펜을 잡고 매일 그림을 그리고 글씨를 써댔는데도 소근육 발달이 엄청 느리다고 했다. 선생님은 소근육을 발달시키기 위해서 거미가 줄을 타고 올라갑니다 노래를 부르며 손가락을 움직이게 하거나 여러 가지 방식으로 소근육 발달을 끌어주셨다. 아이가 재밌는지 시간이 날 때마다 했고 이젠 안 해도 될 정도로 발달이 확 올라왔다.

모방도 엄청나게 올라왔다. 예전엔 누가 뭘 해도 정말 관심이 없었는데 최근엔 친구들이 뭘 하는지 보고 바로 옆에서 따라서 블록을 조립하거나 그림을 그렸다. 색종이 접기 등은 이제 수준급이 됐다.

　그렇게 반년이 흐른 뒤, 집단 놀이 치료가 개설되었다는 소식을 들었다. 또래의 아이들을 묶어서 수업하는 것이 그렇게나 좋다는데 같은 시간에 모이기 힘들어 잘 개설되지 않는 수업이다. 아이의 치료에 대해 알아볼 때 집단 놀이 치료를 꼭 시켜보고 싶었다. 효과도 효과지만 우리 아이가 다른 아이와 함께 어울려 노는 모습을 보고 싶었다. 그런데 치료가 개설되었다고 하니 무슨 일이 있어도 저기는 한밤중에 줄을 서서라도 꼭 보내야겠다고 의지를 불태웠다.

　한겨울에 아이를 위해 만삭의 몸을 이끌고 집단 놀이 수업에 참여했다. 아이는 처음엔 관심이 없어 했다. 하지만 시간이 흐르자 주변 아이들의 행동에 관심을 가지고 지켜보기 시작했고, 급기야 차례를 지켜가며 젠가를 하고 어떻게든 무리에 섞여 무언가를 꼬물대며 놀이에 집중했다. 그 전엔 도망가려고 몸을 빼기 바빴는데 어설프지만 블록을 쌓고 물감으로 색칠을 하고 장난감을 만지는 모습만으로도 나는 고무되었다.

　'아이가 엄청 좋아졌구나!'

　아이가 좋아진 것은 나만 알아차렸던 것이 아니었다. 아이가 엄청나게 좋아졌다는 이야기를 주변에서 계속했다. 그렇게 1년 2개월 만에 치료의 기초 공사인 ABA 종료 선언을 들었다. 기초 공사가 마무리됐으니 이제 정말 중요한 집짓기를 시작하면 된다.

ABA 선생님은 이제 기초 공사가 끝나서 다른 치료로 전환하면 될 것 같다고 하셨다. ABA 종료 선언을 듣고 생각한 것이 있다. 모든 치료도 아이가 치료를 받으려는 마음이 있어야 효과가 있다는 것이다. 이걸 해내야 한다는 생각이 없으면 치료는 공염불이다. 아이가 5살에 했던 언어 치료가 그런 느낌이었다. 아이가 말하고 싶다는 의지가 전혀 없는 상태에서는 아무리 좋은 선생님에게 좋은 수업을 받는다 한들 효과가 나지 않는다. 내가 느끼기엔 아이가 초등학교에 입학한 이후 즈음부터 센터 수업을 열심히 했던 것 같다. 그제야 흥미가 조금 생겼다고나 할까. 앞서 했던 엘세린 임상시험의 효과가 나타났던 것 같기도 하고 그만큼 컸다는 방증이기도 한 것 같다.

ABA 치료의 적기는 조기 치료에 있다고 들었다. 우리 아이는 초등학교 1학년 때 했으니 정말 늦은 것이다. 그런데 지금 보니 늦게 시작해서 더 효과가 있었던 것 같다. 학교에 다니면서 아이는 내가 다른 아이와 다르다는 것을 인지했고, 뭔가 교실 안에서 해야 한다는 것을 깨달았기에 수업에 참여한 것 같다. 그래서 치료 효과가 있었다고 본다. 그러니 1년 전엔 안 되던 착석이 올해엔 잘 돼서 통합반에 혼자 앉아 있는 시간도 늘어난 것 아닐까.

센터를 돌아다니다 보면 대기실에서 온갖 사람들을 다 만난다. 좋은 분도 있지만 쓸데없는 충고와 조언으로 상처를 주는 사람도 있다. 돌이켜 생각해 보면 그 사람들은 책임지지 못한 말을 뱉었던 것 같다. 그러니 원치 않는 간섭들을 잘 솎아내면 된다.

가장 중요한 것은 부모가 아이에 대한 장기 계획을 세우고 그것에 대한 확신을 가지고 바로 서 있으면 되는 것이다. 활동보조 선생님이 휴가를 가서서 내가 센터를 데리고 돌아다닌 적이 있었다. 그때마다 센터 선생님들이 자신도 못 들어봤던 것들을 아이가 하고 있다고 그래서 열심히 찾아봤다며 나를 칭찬해 줬다. 또, 아이를 방학 때마다 봐주시는 대학생 선생님도 본인이 실습을 나가서 경험해 보면 우리 아이만큼 계속해서 성장하고 부모가 적절히 개입하는 집도 없다고 하셨다. 그러니 남의 말에 휘둘리지 말고 부모가 바로 서 있으면 되는 것 같다.

베라르,
집중 치료의 효과

남편은 새로운 정보에는 강했다. 반면 디테일한 정보는 이상하게도 약했다. 정확하게는 약하다기보단 '뭐 어쩌자는 거지?' 싶은 순간이 많았다. 특히 아이의 치료에 관해서는 하자는 건지, 고민되니 알아보자는 건지, 대신 찾아보라는 건지 모호한 태도일 때가 많았다. 답답할 때도 있지만 이해가 안 되진 않았다. 남들이 좋다고 해도 우리 아이에게 좋지 않을 수도 있는 거고, 치료가 방법적으로 훌륭하다고 해도 실행하는 선생님들의 역량이 아이와 맞지 않아 효과가 없을 수도 있다. 최악의 경우로는 아이의 발달에 퇴행이라는 나쁜 결과를 초래할 수도 있기에 '해보자! 이거 하자!'라는 말이 쉽게 나올 수 없었을 것이다.

베라르 치료도 시작은 그러했다. '그런 게 있대'로 시작되었고, 경황이 없어 잊고 지내다 한 번씩 '베라르'라는 치료를 남편이 슬며시 꺼내들었다. 물론 남편이 베라르 치료를 처음 말했을 때 어떤 치료인지, 어디서 받을 수 있는지 인터넷을 샅샅이 뒤져 알아보았고, 좋은 치료라고 생각은 했지만 현실적인 문제로 '받으면 좋겠다'하고 속으로만 삼키고 말았던 치료였다. 눈치가 없는 것인지 자꾸 나오는 치료명에 그날은 작정하고 남편에게 물었다.

"상담 예약은 했어요?"

서론은 생략하고 예약부터 했냐고 직구를 던졌다. 그랬더니 아니란다.

"나는 또 상담 예약하고 나한테 말하는 줄 알았죠."

남편의 주저함을 채근하는 듯한 말을 하며 베라르 치료를 하는 센터의 상담 예약을 바로 진행했다. 1분 안에 상담 예약까지 일사천리로 모두 끝내버리고 남편을 향해 말했다

"치료할지 말지는 상담 후에 결정하면 돼요."

남편이 뜨끔해 했다.

치료를 주저했던 것과 다르게 아이 픽업과 치료 후 상담까지 남편은 베라르 치료에 적극적으로 나섰다. 사실 치료를 첨에 망설였던 이유는 비용이나 효과 같은 문제가 아니었다. 지극히 현실적인 문제였다. 치료센터는 집에서 차로 1시간 반이 걸리는 곳에 있었다. 게다가 병원처럼 한 달에 한 번, 이주에 한 번 방문하

는 것이 아니라 치료를 받는 10일 동안 매일 가야 했다. 말이 10번이지 왕복 세 시간 거리를 매일 운전해서 가는 건 고행이나 다를 바 없다. 나는 운전을 하지 못했고, 남편은 출근을 해야 했다. 그냥 통근해도 힘든데 아이를 데리고 서울 시내를 운전 하는 건 결코 쉬운 일이 아니다.

베라르 치료는 양쪽 귀의 불균형을 잡아준 뒤, 기계음보다 사람의 목소리가 더 잘 들릴 수 있도록 하는 치료라고 알고 있다. 헤드폰을 쓰고 30분 동안 치료받고 3시간 귀를 쉬어준 뒤 다시 30분 치료를 받는데 내리 10일을 해야 한다. 생각보다 잘 알려진 치료가 아니고 미국의사협회에서는 반대하는 치료법이라는 글도 보았다. 인증된 치료가 아니어서 치료 효과에 관해서는 의견이 분분했다. 그래도 우리는 한 번 해보기로 했다.

한여름, 연일 폭염주의보가 발효됐던 지독하게 더웠던 날 아이는 베라르 치료를 받으러 서울로 향했다. 첫날 치료는 여동생까지 모두 함께 출동해서 치료를 받고 돌아왔고, 둘째 날엔 남편과 아들만 갔다가 남편이 급한 일이 생겨서 내가 택시를 타고 가서 아이를 픽업했다. 길바닥에 10만 원을 깔고 간 날이었다. 그 뒤론 계속해서 남편이 아들과 함께했다. 그 10일 사이 남편은 10년은 늙어 있었다.

남편은 세월을 잃었지만, 아이의 예후가 아주 좋아졌다. 아이는 10회기 치료 중에 자발적으로 말을 하기 시작했고 10회가 끝나자 다들 뭔가 좋아진 느낌이라고 말했다. 센터장님도 뭔가 기대해 봐도 될 것 같다고 말씀하셨다. 다년간의 경험으로 센터에서는 '기대하셔도 좋습니다'라는 류의 말을 잘하지 않는다. 새살이 차오르고 뼈가 붙는 것과 다르게 아이의 발달과 관련된 문제는 쉽게 낙관하기도 어려울뿐더러 내뱉는 말에 책임지기도 어렵기 때문이다. 센터장님도 첫날 치료 후, 자기는 완치라는 말도 쓰지 않는다고, 괜히 부모를 기대하게 하지 않는다고 말씀하셨다. 그런 분이 기대해 보라고 했으니 우린 얼마나 두근거렸는지 모른다.

치료 효과는 3개월 뒤에 나타난다는데 정말로 나타났다. 말을 거의 안 했던 아들이 원하는 것이 있으면 몸보다 말로 먼저 표현하기 시작했다. 원하는 걸 말하면 내가 답하고 다시 질문하면 아들이 답하고 그렇게 주고받기가 3회 이상 됐다.

'와우! 나도 핑퐁 대화라는 것을 해보는구나!'

예전엔 아들이 나의 말을 안 듣는 느낌이었는데 확실히 듣고 있는 듯한 느낌이 들었다.

정해진 10회 치료가 종료되고 6개월 뒤 두 번째 치료를 받을 것인지 우리는 결정해야 했다. 치료를 받고 싶은 마음 반, 치료센터까지 찾아가기 힘들어 포기해야 하는 마음 반 갈피를 잡지 못했다. 남편에게 일방적으로 희생하라고 말할 수도 없고, 다음 치료 때까지 내가 면허를 따고 서울 시내 운전을 숙달하는 것도 현실적으로 어려웠다. 눈에 띄게 달라진 아이의 변화에 '베라르 치료'에 대한 주변의 관심이 무척 높아졌다. 치료법의 원리부터 아이의 변화, 그리고 다음 2회기 진료는 언제 시작할지 질문들이 쏟아졌다.

우리는 결국 2회기를 넘어 3회기까지 치료했다. 2회기가 끝난 후 아이는 학교에서 진행된 과학 수행평가에 답을 써 왔는데 몇 개 틀리지 않아 '매우 잘함'을 받아왔다. 3회기가 끝난 후에는 아이가 이상하리만큼 차분해져서 한 시간 가량까지 병원 대기실에 앉아 기다릴 수 있을 정도가 됐다. 또, 자기가 가고 싶은 곳을 태블릿 PC로 찾아와서 여행계획을 짜오기도 했다. 체력적으로 힘들어서 4회기는 아직 고민 중인데 혹시 하게 된다면 1년 뒤에 하지 않을까 싶다.

센터의 진단,
최대한 보수적으로

활동보조 선생님이 일주일간 겨울 휴가를 가셨다. 방학 때마다 일주일씩 휴가를 가시는데 그때마다 내가 센터를 돌면서 오랜만에 대면 상담을 진행했다. 대면 상담은 전화 상담보다 확실히 효과가 크다. 아이가 초등학교 3학년 진학을 앞두고 있어서 시간표가 대폭 변동되기 때문에 센터 수업 시간도 조정할 겸 해서 잘됐다 싶었다.

'이번 주는 상담 주간이야'

나 혼자 목표를 정해놓고 순회를 시작했다. 월요일 오후, 커피 우유 하나를 들고 대기실에 앉아 처음 보는 분들과 인사를 나누는데 실장님이 잠깐 얘기를 하자고 하셨다. ABA 치료 종료 이후에 수업을 어떻게 변경할지 고민한다기에 부르셨다고 했다. 실장님은 집단 놀이 치료에 함께하고 계시는데 1년간 아이를 지켜본 결과를 정리해서 말씀드리겠다고 하셨다.

"병원에 가면 자폐냐 지적이냐를 보고 진단을 내릴 거예요. 지적은 확실히 아니에요. 학습 능력이 뛰어나요. 친구가 뭘 하는 걸 보면 그 자리에서 바로 따라 하거든요. 도미노를 가지고 놀면 그걸 보고 자기도 바로 그 놀잇감으로 놀죠. 그럼 자폐냐. 저는 자폐도 아닌 것 같아요."

순간 눈이 휘둥그레졌다. 우리 아이가 자폐 스펙트럼 어딘가에 머물고 있다고 생각했는데 아니라니까 말이다. 그럼 우리 아이는 뭘까?

"자폐의 특징 중 하나가 사회성 결여죠. 그런데 이 아이는 친구와 놀고 싶어 해요. 문제는요. 말로 표현이 잘 안되니까, 성질을 부리는 건데요. 다른 사람이 보면 성질부리는 것만 보일 테지만 저는 장난감 자동차를 보는 장면을 발견했어요."

선생님의 설명을 나는 바로 이해하지 못했다. 의아한 표정을 짓자 추가 설명을 해주셨다.

"그러니까, 이 아이는 바로 앞에 자동차를 같이 가지고 놀고 싶은데 그것이 표현이 안 되니까, 성질을 내고는 자기는 집에 간다고 문 앞에 서 있어요. 그래서 한 번은 그냥 내버려둬 봤어요. 그랬더니 문 열고 나가질 않더라고요. 그다음에 질문했어요. '뭐 하고 싶으냐?'고요. 이것저것 묻고 장난감 자동차를 들고 '이거 혹시 하고 싶냐?'고 했더니 바로 가서 하더라고요. 그러니까 아이는 그저 언어적으로 표현을 못 했던 거예요. 자폐 특성 중의 하나가 언어와 비언어적 의사소통에 모두 장애가 있거든요. 그런데 이 아이는 어떻게든 표현하려고 하는데 그게 잘 안 나오는 겁니다. 아이는 자기 말을 못 알아들으면 글씨로 써서 어떻게든 저에게 요구하려고 하잖아요? 소통하려는 거죠. 이게 자폐의 특성은 아닌 거예요. 제가 볼 땐 그래요. 그러니까 우리 지적이냐 자폐냐 이런 걸 다 내려두고 아이를 다시 한번 바라봐요."

실장님이 덧붙여 말씀하시길 아이가 인생엔 정답이 있다고 생각하는 것 같다 하셨다. 오늘 센터에 엄마랑 오면 다음 주도, 그다음 주도 엄마랑만 와야 한다. 그것이 어긋나면 너무 괴로워한다고 했다. 그래서 자기가 보기엔 발달이 그저 느린 강박감이 강한 아이일 수도 있다는 것이다. 그렇기에 ABA가 잘 맞을 수 있었을 것이라고 했다. 답이 정해져 있으니 말이다. 그러나 ABA라는 것이 영어단어 3천 자를 외운 것처럼 그저 외우기만 한 것이므로 아이에게 응용할 수 있는 수업으로 전환하자고 하셨다.

인지도 그냥 학습처럼 하면 안 되고 응용할 수 있는 인지로 전환해줘야 한다고 말씀하셨다. 그렇게 하기로 하고 상담실을 나오는데 기분이 묘했다. 올해, 아이에게 조금만 더, 아니, 아주 많이 신경을 써주면 우리 아이가 갑자기 궤도에 안착할 것만 같았기 때문이다.

'아이가 좋아질 수 있을 것이다'라는 말은 우리도 자주 하는 말이다. 그런데 그건 나와 남편이 가진 절박한 희망 같은 것이기도 했다. 그런데 타인이 1년간 관찰한 결과를 얘기하며 '자폐가 아닐 수도 있다'니 기분이 이상했다. 우리의 긍정적인 생각이, 그동안 열심히 알아보고 아이에게 적용한 것들이 드디어 시너지가 폭발하고 있는 걸까 기대감이 차올랐다.

자폐의 증상에 집착해서 아이를 바라보지 말고 다 내려놓고 관찰하라는 상담 이후 많은 생각이 들었다. 내가 보는 아이와 전문가가 시간을 가지고 관찰한 아이는 확실히 달랐다. 가끔, '내가 계속해서 병원을 따라다니다 보니, 의사보다 더 전문가야'라고 말하는 사람이 있다. 내 생각엔 아니다. 전문가는 전문가다. 전문가는 아이를 바라보는 착안점부터가 다르다. 나는 아이 엄마로서 아이가 남에게 피해를 주지 않는 선에서 세상에 적응할 수 있도록 데리고 다니느냐 정신이 없는데 전문가들은 아이의 어떤 부분이 유의미한 행동인지, 그밖에 다른 모습은 어떠한 의미를 지니는지 세밀하게 관찰한다.

사놓고 읽지 않던 책을 집어 들고 센터로 갔다. 아이가 수업하는 동안 파스텔 펜을 들고 줄을 쳐가면서 읽었다. 그동안 많이 읽었지만, 이번만큼 와닿은 적이 없었다. 자폐 아동은 언어의 지연이 있더라도 이를 보완하기 위한 비언어적 의사소통을 사용하지 않는다는 문장이 특히 그랬다. 우리 아이는 어제 상담에서

들은 대로 비언어적 의사소통을 사용한다. 그렇다면 세상이 정해놓은 '자폐냐 아니냐', '지적장애냐 아니냐'라는 질문에서 벗어나서 새로운 시각으로 아이를 바라봐야 한다는 생각이 들었다. 마침 상담주간으로 정했으니 이에 대한 고민들을 아이가 다니는 센터 선생님과 공유하기 시작했다.

오늘은 병원이 함께 붙어 있는 센터에 갔다. 들어가자마자 원장 선생님이 보여 어제의 상담을 말씀드리고 아이의 발달 등을 확인할 수 있는 풀배터리 검사를 해야 할지 여쭤봤다.

"원장 선생님, 어제 선생님과 상담을 받았는데요. 저기 풀배터리 검사…"

지적장애냐 자폐냐 관련된 상담 내용을 말씀드리며 풀배터리 검사를 받아야 하는지 질문하는 순간 내 옆에 얌전히 서 있던 아이가 원장 선생님의 손을 잡았다. 나는 하려던 말을 순간 잊고 아이를 쳐다보았다.

"선생님"

"왜?"

"3번 방"

아이가 원장 선생님의 대꾸에 '3번 방'을 가리켰다. 원장 선생님이 3번방으로 바로 향하지 않자 다시 3번 방을 가리켰다.

"3번 방"

아. 그렇게 수많은 검사 항목에서 봤던 포인팅을 아이가 너무

능숙하게 하고 있었다.

'와. 우리 아이가 포인팅이 되는구나! 포인팅이 됐어! 그래 맞아. 저게 안 됐었는데 되네?'

아이는 우리가 자신의 말을 못 알아들었다고 생각했는지 연신 3번 방을 가리키며 '3번 방'이라고 외쳤다. 아이가 의사소통을 어떻게든 하려고 노력한다는 사실에 감격했다. 자연스럽게 포인팅을 하는 아이의 모습과 며칠간 내가 한 고민, 센터 선생님의 관찰결과들을 찬찬히 들으시던 원장 선생님께서 무겁게 입을 여셨다.

"어머님, 제가 보기엔 아이는 자폐 스펙트럼이 맞습니다. 하지만 아이와 1년 동안 수업을 진행하신 선생님이 자폐의 전형적인 증상인 사회성 결여가 크게 보이지 않는다고 말씀하셨으니 흘려들을 수는 없을 것 같아요."

"그럼 풀배터리 검사를 할까요?"

내가 조급하게 원장 선생님께 재질문을 했다. 원장 선생님은 신중하게 말을 고르셨다.

"저희 센터에 아주 훌륭하신 작업인지 선생님이 계신데 그분에게 관찰을 부탁드려 보는 건 어떨까요? 2회기 정도 수업을 통해 충분히 관찰하고 의견을 여쭤보고 답이 나오지 않으면 풀배터리 검사를 진행하는 건 어떨까 합니다."

하늘도 나를 배려해 줬던 것일까? 수업 일정이 꽉 차 있던 작업인지 선생님의 내일 수업이 마침 취소됐다고 한다. 당장 내일 받을 수 있도록 스케줄을 조절했다. 원장 선생님께서 일정을 적극적으로 조절해 주셨다. 너무 감사했다.

부모들은 우리 아이가 제발 좋아졌으면, 갑자기 기적이 일어나서 정상 발달했으면 하고 바란다. 누구나 그렇다. 그런 희망의 끈마저 없으면 살아갈 수가 없다. 허나 그런 아름다운 환상에만 젖어 살면 현실을 모르기 일쑤다. 나는 1년간 아이를 관찰한 분에게 의견을 들었으니, 아이가 무엇이 부족한지는 확인해야 했다. 만약 ABCDE 중에 B만 채워주면 ACDE가 다 올라가는 상태일 수도 있으니 최선을 다해야 하는 것은 확실하다.

이러한 상황을 플로어타임 선생님께도 말씀드렸더니 아이의 상황에 들어맞는 가설을 말씀해주셨다.

"감각적인 기초가 다 채워지지 않는 아이들이 간혹 있어요. 그 아이들의 그래프가 자폐 스펙트럼과 비슷한 친구가 많아요. 그러니 7세가 넘었다고 감각통합을 뺄 생각을 하지 말고 조금 더 시설이 큰 감각통합실을 찾아서 수업해 보시는 게 어떠세요?"

몇 군데 센터를 추천해 주셨는데 이렇게 고마울 수가 없었다.

남편과 다시 상의했다. 이왕 겨울방학이 왔으니 이번 겨울에 내가 아이를 조금 더 잘 관찰하겠다고, 그리고 센터를 돌면서 더 신경 써보겠다고 했다. 그렇게 남편과 통화하며 방과 후 활동하러 걸어가는데 유난히 눈이 많이 와 있었다. 아이는 눈을 밟는다고 정신이 없었다. 우리 아이는 스펙트럼 중에 어디쯤 자리 잡고 있는 것일까? 자폐가 아니라면 무엇 때문에 소통에 힘이 부칠까? 어떤 부분에서 장애가 발생해서 발달이 느린 것일까.

다음날, 참여 관찰 검사를 실시했고 바로 피드백을 받았다. 선생님은 아이가 학습해서 답하는 것은 정말 잘한다고 하셨다. 글을 쓸 수 있어서 받아쓰기를 할 수 있고, 선생님 말씀을 듣고 그림 그리기도 가능하다고 했다. 그러나 상호작용은 아예 안 되는 것들이 있었다. '오늘 기분이 어때?'와 같은 것들 말이다. 그 외에는 종이접기 모방도 가능하고 할 수 있는 것들이 꽤 된다고 했다. 그러나 자기가 원하는 것에 시각전환이 너무 빨리 일어나 지시를 수행하면서도 그것을 쳐다보고 있는 점이 아쉬운 점으로 꼽혔다. 또, 하기 싫은 것을 선생님이 꺼내려고 하면 바로 '싫어요, 안 해요, 넣어요!'라고 말하며 강하게 거부했다고 한다. 나는 선생님께 물었다.

"아이의 문제가 자폐 성향이 짙은 것이 아니라 다른 문제일 수 있다고 해서 의뢰를 한 것인데 풀배터리를 해보는 것을 추천하시나요?"

"검사 다시 해보시는 게 좋을 거 같아요."

그동안 풀배터리를 성공해본 적이 없었는데 과연 성공할 수 있을까.

금요일이 왔다. 마지막 상담으로 특수체육 선생님을 만났다.

선생님께 이번 주 상황을 말씀드린 후, 아이가 어느 정도 좋아진 것 같으냐고 물었다.

"처음 왔을 땐 자폐 성향이 강했는데 지금은 정말 옅어졌어요. 예전엔 손에 뭐라도 거슬리는 것이 있으면 아예 수업이 안 될 정도였는데 이제는 수업 중간에 공을 교체하거나 자세를 교정할 때 잠깐 확인하고는 다시 수업에 집중하더라고요."

또, 예전에 공을 주고받으면 공이 떨어질까 봐 공만 보면서 던졌는데 이젠 선생님 눈을 보면서 던지고 받는다고 한다. 그래서 정말 많이 좋아졌다고 자기도 자폐 성향이 옅어졌다는 것에 동의한다고 하셨다.

이제 내가 중심을 잡아야 할 때가 온 것 같다. 아이를 일 년 이상 봐온 선생님들의 의견을 종합해서 무엇이 부족한지 확인하고 그 능력을 키워주면 될 듯하다. 집에 돌아와 새롭게 센터 일정을 정비했다. 무엇을 추가하고 무엇을 빼야 할까. 그렇게 고민하고 있는데 일 년간 대기를 걸었던 수영 수업에 들어갈 수 있다는 연락을 받았다. 왠지 좋은 일이 많이 일어날 것만 같다.

풀배터리검사,
현실자각타임?!

최근 아이의 '풀배터리 검사((full-battery test, FBT)'에 집착 아닌 집착을 했던 건 제대로 된 검사를 받아본 적이 없어서이다. 아이는 만 5세에 '지능검사'를 한 번 했었고 그 뒤에 '바인랜드 행동척도평가'를 여러 번 했었는데 그것도 2년 전의 일이었다. 그 외에는 대학병원에서 '지능검사'를 했으나 20분 만에 종료됐기에 아이의 가능성보다 너무 낮은 점수가 나왔을 거라며 불신했다. 검사 결과를 받으러 가야 하는데 차일피일 미룬 것도 그런 이유에서였다.

나는 아이가 현재 어디쯤에서 머물러 있을까 항상 궁금했다. 현재의 위치를 알아야 제대로 치료할 수 있으므로 어느 단계에 갇혀 있는 것인지 늘 궁금했다. 그래서 '풀배터리 검사'를 꼭 받아보고 싶었다. 풀배터리 검사는 정서·인지·사고·행동습관·생활방식 등을 측정하는 종합 심리 검사로 아이의 발달장애 여부를 확인할 수 있다.

아이는 수차례 검사를 받아보았지만, 애석하게도 제대로 검사를 마친 적이 거의 없다. 낯선 환경에 몇 시간이고 앉아서 질문에 답해야 하는 게 무척 스트레스였던 모양이다. 그래서 이번엔 익숙한 곳으로 가보기로 했다. 병원 내에 센터가 있는 곳을 다니고 있어서 제대로 된 평가가 이루어지길 바라는 마음으로 예약을 했다.

아이를 보내고 양육자가 수행해야 하는 검사지들을 적고 있는데 아이가 30분 만에 뛰쳐나왔다.

'아, 검사 대실패인가!'

좌절하려는데 선생님이 들어오라고 하셨다. 아이가 검사 책을 못 넘기게 해서 도와달라고 하셨다. 옆에서 보니 아이스크림을 당장 먹고 싶은데 뭔가를 수행해야 하는 것이 화가 났나 보다. 아이는 연신 선생님이 책장을 못 넘기게 막았다. 겨우겨우 말려서 뭔가 진행되는 듯 보였으나 반향어를 남발하거나 질문을 이해하지 못하는 모습을 보였다. 숫자를 따라 해보라는 단순한 것들은 수행했으나 앞에서 본 것을 그림에서 찾아보라는 지시 등은 전혀 수행하지 못했다. 그렇게 검사가 종료됐다.

아직은 아이가 검사할 수 있을 만큼의 능력을 갖추지 못한 것 같다는 평가를 들었다. 아이의 검사 시간보다 내가 설문지를 작성하는 시간이 더 오래 걸렸다. 슬펐다. 남편과 내가 3년 동안 정말 많은 시간과 돈을 쏟아부으면서 아이를 위해 노력했는데, 과거 친정엄마에게 길러졌을 때 비하면 아이의 치료가 더 체계화되고 눈에 띄게 좋아졌는데… 그 시간이 쓸모없었던 것일까.

집으로 돌아오는 길, 남편에게 이 이야기를 어떻게 전달할지 고민이 됐다. 며칠 전 남편이 한숨을 섞으며 했던 말이 내 뇌리에서 떠나지 않았기 때문이다.

"나는 쟤만 보면 하루에도 열두 번씩 감정이 요동쳐"

희망을 품고 달리다가도 아이가 사람의 말을 전혀 이해하지 못하는 것 같을 때면 너무나 절망스러웠다. 다른 아이들은 아무런 문제 없이 잘만 되는 것이 우리 아이에겐 왜 이렇게 버거운 것일까. 대학병원 검사는 낯선 곳에서 무미건조한 느낌의 책상과 의자에 앉아서 하는 것이니 실패할 수밖에 없으리라 생각했다. 그런데 내 생각이 착각이었음이 오늘 여실히 드러났다. 내가 옆에서 봤을 때 아이는 정말로 검사를 할 수 있는 수준이 아니었다. 우리 아이에겐 너무도 어려웠던 질문들이었다.

집으로 돌아와서 마음을 다잡고 남편에게 연락했다.

"지난번 대학병원에서는 20분 만에 뛰쳐나왔는데 이번엔 그래도 반절은 했고, 토막 짜기는 울면서도 어떻게든 해냈는데 그 뒤에 수행해야 하는 것들은 이해를 못 하기도 하고 아이스크림 먹고 싶다고 떼를 부려 종료됐어요."

나는 나의 절망을 남편에게 들키고 싶지 않아서 남편이 대답하기도 전에 오늘 지표를 가지고 내가 더 노력해서 내년에 다시 검사를 받아보겠노라고 말했다. 자꾸만 말이 길어졌다. 나부터 크게 실망했으면서 그럴듯한 희망적인 미래를 남편에게 이야기했다.

아이의 장애가 현실로 다가오는 날이 있다. 그런 날엔 야속하게도 모든 게 싫어졌다. 희망을 주는 달콤한 말들을 믿고 방학 동안 센터 일정을 새로 조율하고, 왕복 세 시간 거리에 있는 곳에 가서 치료까지 했는데 눈앞의 결과는 처참했다. 검사 결과지만 받아봤으면 그나마 나았을 터인데 아이가 수행하지 못하는 모습을 내 두 눈으로 보았기 때문에 더 괴로웠던 것 같다. 나는 오늘의 검사결과를 담은 결과지를 어떤 표정으로 바라볼까?

일주일 후, 검사 결과를 들으러 갔다. 다섯 살에 했던 검사보다 지능이 올라갔지만, 도긴개긴이었다. 별 의미 없는 지표들이었다. 검사를 다 마치지 못해 결과가 형편없이 나올 거라는 예상도 충분히 했고, 너무 기대하지 말자는 다짐도 수없이 했다. 예방주사를 미리 맞았음에도 지표들 앞에서 나는 무력하게 추락했다.

남편과 나는 그동안 내색은 안 했지만 언젠가 우리 아이에게 드라마틱한 변화가 있지 않을까 기대했었다. 그 기대에 기대어 매일 센터를 보내고 주말마다 온천에 가고 외국 논문까지 찾아

새로운 치료들을 시도했다. 그런데 검사 결과만으로는 도무지 좋아진 느낌이 들지 않았다. 표정을 도무지 갈무리할 수 없었다. 내 실망감을 알아차리곤 검사결과를 설명하시는 의사 선생님께서 긍정적인 지표들을 설명해 주셨다. 하지만 무엇 하나 나를 위로해 주지 못했다. 너무 실망해서 검사 결과지를 책장에 꽂아두고 다시 펼쳐보지 않았다.

며칠 뒤, 학기 초 개별화 상담을 앞두고 선생님께 전달할 우리 아이 특성을 적고 있을 때였다. 전문가가 관찰한 내용 중, 아이가 학습해야 할 부분을 찾아 옮겨 적고 있었다. 그때 내 눈에 사회성숙도검사 점수가 들어왔다.

69점.

사회성숙도검사 지표가 장애를 판단할 수 있는 중요한 기준이 된다는 것을 인터넷 카페를 통해 본 적 있었다. 사회지수(SQ-social quotient)가 70점 이상이면 장애등록이 안 될 수 있다는 글을 봤는데 69점이라니. 사회적 기준에선 우리 아이가 장애로 분류되겠지만 내게는 만점을 받은 것처럼 기뻤다. 처음 받는 검사지만 69점은 그동안의 고생이 헛되지 않았다는 것을 증명하는 점수 같았다. 내가 문항에 체크하면서도 많은 것이 좋아졌다고 느끼며 신나게 넘겼으니 말이다. 갑자기 희망이 보이는 느낌이었다.

검사 결과지를 다시 꼼꼼히 읽어보니 아이의 사회적 기능이 6

세 후반으로 적혀있는 것이 보인다. 또래 아이에 비해서는 늦지만 만 8세에 만 6세의 기능이 있다는 것은 살아가는데 그리 늦은 나이가 아닌 것 같다.

'맞아. 우리 아이는 밥도 혼자 먹고 화장실도 혼자 갔다 오고 옷도 알아서 입을 수 있어!'

그뿐만 아니라 학교에서는 알림장도 혼자 써서 검사를 맡는다. 태블릿 PC로 유튜브를 찾아볼 수 있고 자신이 원하는 것을 조리 있게는 아니더라도 단어로 말할 수 있다. 이렇게 보니 아이가 생각보다 할 수 있는 것이 많은데 숫자에 사로잡혀 너무 실망만 하고 앉아 있었던 것이 아니었나 싶다.

'그래, 남편과 내가 아이를 위해서 열심히 노력한 3년의 세월이 효과가 없는 것은 아니었어!'

남편에게 전화했다. 올해부터 무엇을 해야 할지 방향을 잡았다고 흥분해서 외쳤다. 그리고 남편을 위로해줬다.

"사실 검사 날엔 아이가 학교에서 점심도 안 먹고 오후 4시부터 6시까지 묻는 말에만 대답했으니 얼마나 힘들었겠어요. 내년에 다시 검사를 받아보면 지금보다 훨씬 높은 점수가 나올 거예요"

다음 검사 때엔 내가 밥을 더 든든히 먹이고 가겠다는 강력한 의지도 표명했다. 센터 선생님도 아이가 대답할 수 있는 질문인데 왜 안 했는지 모르겠다는 말을 하셨다고 남편에게 그대로 전했다. 어쩌면 남편을 위로하는 것이 아니라 나 자신을 위로하는 말이었을지도 모른다.

우리 아이는 이 험난한 세상에서 스스로 살아갈 수 있을까.

텐트럼,
어떻게 해야하나요?

치료를 받은 지 6년. 초등학교 3학년인 아이를 물끄러미 보며 화가 날 때가 많다. 왜 내게 이런 시련이 닥친 것인지 세상에 화가 났고, 그냥 소통되지 않는 것뿐인데 엄청난 죄를 지은 죄인처럼 우리를 쳐다보는 주변인들의 시선에도 화가 났다. 무엇보다 아이가 원하는 걸 제때 해주지 못하는 나 자신에게도 화가 났다. 그런데 화는 나만 났던 게 아니었다.

아이는 한 살 한 살 나이를 먹음에 따라 화를 내는 강도도 빈도도 더 많아졌다. 아이가 화를 내는 경우는 크게 두 가지 상황인데, 자신의 의사가 표현되지 않았다고 생각하거나, 우리가 아이의 말을 제대로 듣지 못했다고 느끼는 경우이다.

화를 내는 아이의 모습은 시간이 지나도 도통 익숙해지지 않았다. 자신이 원하는 것이 이루어지지 않으면 실망과 절망을 온몸으로 분출하며 폭발했다. 처음에는 적잖게 당황했었다. 집에서 몽니를 부리는 것은 얼마든지 받아줄 수 있지만 공공장소에서 소리를 지르거나 자신의 분함을 온몸으로 쾅쾅거릴 때는 저러다 탈진하는 게 아닐까 하는 걱정이 들었다. 주변 사람들에게 폐를 끼치고 있다는 죄송함과 아이를 제대로 통제하지 못하고 있다는 창피함 같은 감정들은 동시다발적으로 들었다.

아이의 이 같은 행동을 '텐트럼(tantrum)'이라고 부른다. 발달장애나 ADHD를 겪고 있는 이들에게 주로 나타나는데 아이가 바닥을 누워 데굴데굴 구르며 소리를 지르거나 바닥을 쾅쾅 차는 행동 등을 일컫는다. 직접 경험해 본 적 없어 어떤 행동인지 가늠이 잘되지 않는다면 육아 관련 방송프로그램에서 아이가 소리를 내며 울부짖거나 몸을 못 가눌 정도로 자신의 몸으로 울화를 표현하는 행동을 생각한다면 이해하기 쉬울 것이다.

며칠 전에도 아이는 할머니 집에 가고 싶었는데 못 갔다며 악을 쓰고 울며 발에 힘을 주고 쾅쾅쾅 뛰어댔다. 최근에는 방과 후 활동을 하러 가서 벽에 뭔가를 붙이고 싶었는데 선생님이 제지하자 악을 쓰며 한 시간을 울었다고 한다.

'아, 나도 내 아들 때문에 다 포기하고 싶을 때가 한두 번이 아닌데 선생님도 참 힘드셨겠다.'

그때 딸이 와서 내게 말했다.

"오빠가 오늘 학교에서 급식실에 안 간다고 복도에 주저앉아 떼를 부리고 있어서 친구들도 다 보고 해서 너무 창피했어."

오늘은 그야말로 텐트럼의 날이었던 것 같다.

도무지 뭘 해야 할지 모르기에 막막해하고 있는데 플로어타임 선생님이 메시지를 주셨다. 본인이 느끼는 감정이 다양해졌는데 어떻게 대처할지 몰라서 그런 거라며 아이의 감정을 잘 살피고 지금 무슨 감정을 느끼는지 잘 설명해 주라고 하셨다.

'아, 그런 거였구나. 텐트럼이라는 것도 그냥 오는 것이 아니었구나'

유리벽에 갇혀 아무 감정도 못 느끼고 아무 생각도 못 했던 아이가 하고 싶은 게 생기고 의지가 생기면서 나타나는 행동이 텐트럼이라고 생각하니 아이의 분노표출이 마냥 불편하지만은 않았다. 플로어타임 선생님의 말처럼 아이의 감정을 살피고 아이의 눈높이에 맞춰 설명해주는 게 무엇보다 중요하다고 판단했다. 마음을 다시 다잡았다.

할머니 집에 가겠다고 소리를 지르고 핸드폰을 하고 싶다고 울고불고 매달려도 예전처럼 당황하거나 회피하기보다는 아이를 차분히 달래는 데까지 이르렀다. 여느 가정처럼 아이가 떼를 쓰는 건 마찬가지일 뿐, 그냥 다른 집 아이들보다 어르고 달래는 시간이 많이 걸리는 문제라고 바라보니 텐트럼이 마냥 두렵지 않았다. 어디까지나 우리 집 안에서 했을 땐 말이다.

몇 주 전 아이와 둘째, 이제 걸음을 뗀 막둥이를 데리고 철원으로 가족 나들이를 갔었다. 고석정 꽃밭을 보며 광합성도 하고 꽃구경도 실컷하고 그동안 못 찍어 준 아이들 사진도 열심히 찍어 줄 요량이었다. 갑자기 3명의 아이들이 흥분하더니 깡통열차를 타고 싶다고 성화를 부려댔다. 첫째 아이가 괜찮을까 걱정됐지만, 속도가 빠르지도 않고 제법 안전해 보여 세 아이를 데리고 열차타기에 도전하기로 했다.

깡통열차는 타려는 사람들이 많아서 오래 대기해야 했다. 플라스틱 의자에 앉아서 기다리는데 아이가 소리를 지르기 시작했다. 동영상을 보다가 뭔가 마음에 안들어서 냅다 소리를 질러댄 것이다. 그런데 우리 옆에 앉아 계신 할아버지 한 분이 신경질적으로 우리를 흘겨보신 뒤 자신의 귀를 막으셨다. 그리고 아이에게 들리도록 큰 소리로 말씀하셨다.

"시끄러워!"

내게 아이가 시끄러우니 자제를 해달라는 요청도 아니었고, 아이가 시끄럽다는 생각을 혼잣말로 중얼거리는 것도 아니었다. 주변 동행인과 사적으로 나누는 사담도 아니었다. 기분 나쁘다는 의도를 가지고 모든 사람들에게 들으라는 식으로 표현한 것이다. 다중이용시설에서 아이가 소리를 지르는 것은 명백히 잘못한 일이기에 나는 주변에 앉으신 이용객들에게 죄송하다고 연신 사과를 했다. 그러자 둘째가 오빠의 입을 막아버렸다. 엄마가 곤란한 상황에 처했으니 자기 딴에 돕겠다고 나선 것이다.

마음이 너무 안 좋았다. 아이가 조금 특별한 것을 세상 모든 사람들이 용인하고 받아들여 주지 않아도 된다. 하지만 내가 아이를 진정시킬 잠깐의 시간도 주지 못하는 사람들이 야속했다. 무엇보다도 머리를 조아리는 나를 보고선 도와주겠다고 나선 둘째의 행동이 더욱 내 마음을 쓰리게 했다.

아이가 잘못된 행동을 해도 혼내지 않고 되레 '우리 아이 왜 기죽이냐'고 당당하게 응수하겠다는 것이 아니다. 우리 아이는 발달장애인이니 어떤 행동을 해도 주변 사람들이 수용하고 넘어가 달라고 말하는 것도 아니다. 아이와 소통이 원활하지 못해 무엇이 문제인지 파악하는데 남들보다 시간이 더 걸리니 잠깐의 양해를 바랐던 것인데, 이마저도 이기적인 욕심인 것일까?

사실 처음 텐트럼을 경험하고선 아이를 데리고 밖에 나가는 것이 너무도 두려웠다. 아이가 갑자기 소리를 지를까 봐, 바닥에 누워서 발버둥 칠까 봐, 발로 벽이나 문을 쾅쾅 차버릴까 봐. 그리고 이런 행동을 내가 제지하지 못할까 봐 겁이 났다. 괜히 밖에 데려갔다 아이의 돌발행동으로 몸이 상하면 어떡하나 걱정도 됐다. 무엇보다 사람들의 싸늘한 시선이 무서웠다.

그 무서움을 이기고 아이와 함께 세상에 나간 건 뒤처진 아이의 발달에 많은 경험이 긍정적인 자극이 될 수 있다는 믿음 때문이었다. 그리고 아이는 세상을 배워야 했다. 갑자기 소리를 지르

면 다른 사람들에게 폐가 될 수 있다는 것도, 가게에서 파는 물
건은 마음에 든다고 가져오면 안 된다는 것도 가고 싶은 곳이 있
어도 당장 힘들다면 기다려야 하는 것도 모두 배워야 한다. 평생
혼자서 살아갈 수 없고, 남들과 함께 살아가야 한다. 그래서 나
는 아이를 더 데리고 나가 가르쳐야 한다.

　남들보다 부족하고 느리다고 해서 세상을 배우고 경험할 기
회마저 박탈해서는 안 된다. 그런데 배우고 경험하는 기회를 우
리 사회가 제공해 주고 기다려 주는지는 잘 모르겠다. 매년 세
련된 장애 관련 복지 제도들이 등장하지만 함께 살아가는 우리
들의 인식과 시선은 그 제도에 걸맞게 바뀌고 있는지 의문이다.

　아이가 세상을 경험하는 과정은 험난할 것이다. 남들보다 소
란스러울 것이고 더 많은 도움이 필요할 것이다. 조금만 관용을
더 베풀어 주면 안 될까? 이런 나의 요구가 너무나도 이기적인
욕심일까?

발달장애,
아이와 부모의 속도

만 3세 반. 아이가 치료 센터를 다니기 시작한 나이다. 어릴 때 개입할수록 아이의 예후가 좋다고 하는데 우리 아이가 늦은 건지, 적절히 시작한 것인지는 잘 모르겠다.

빨리 개입할수록 정말 좋아진다는 것에 사실 좀 의문이 든다. 우리 아이의 발달이 올라오고 있다고 느꼈을 때는 초등학교에 다니고 나서부터였다. 그전에는 아이가 자기만의 유리 벽을 만들어놓고는 나오지 않는 느낌이었다. 열심히 뭔가를 해도 전혀 통하지 않는달까.

내가 무엇을 하면 아이가 받아들인다고 느낀 것은 초등학교 입학 직전이었다. 뭔가 내 말을 듣는 느낌이었다. 그렇게 꾸준히 좋아지더니 나란히 걸으며 산책할 수 있을 정도로 발전했다. 어릴 때는 손만 놓으면 바로 달려 나가버렸는데 초등학교 2학년 때부터는 손을 놓고 다녀도 될 정도로 좋아졌다. 사람 많은 롯데월드에 가서 가족과 떨어지지 않으려고 무던히 살피며 우리 곁을 따라다녔으니 말이다.

자폐를 치료하는데 다섯 살까지가 적기라는 말이 있다. 신경발달장애 분야의 세계적인 권위자인 '배리 프리전트'가 쓴 책을 보면 언어를 어릴 때 접하지 않으면 나중에 배우기가 힘든 것처럼 발달에 결정적인 시기가 있다고 설명한다. 그렇지만 다섯 살 이후에도 놀랄 만큼 성장한 아이들이 있으므로 다섯 살까지가 적기라는 말은 유효하지 않다고 덧붙였다. 우리 아이가 몸이 아닌 말을 통해 자기 생각을 표현하려고 한 나이가 한국 나이로 9세였으니 저마다의 성장 속도가 있는 것은 아닐까. 눈에 띄는 변화는 아니더라도 아이와 함께 부모, 형제, 주변이 노력한다면 꾸준히 좋아진다고 믿는다.

그래도 부모로서 조바심이 나지 않는다면 그건 거짓말이다. 아이가 또래보다 뒤처지는 일들은 '괜찮아. 각자의 속도에 맞춰서 성장하는 거니까'라는 마음으로 다잡아보지만, 친구들과 소통이 안 되거나 2살 어린 여동생과도 말이 통하지 않는 장면을 보고 있으면 '아이가 홀로서기를 할 수 있을까' 불안한 마음이 어느새 저만큼 자라있다.

답답한 마음에 아이들을 재운 후, 식탁에 앉아 노트북을 두드렸다. 센터에 가서 상담을 받거나 병원에 가서 주치의를 만날 때마다 내가 하는 말이 있다.

"뭘 해줘야 하는지 도무지 모르겠어요."

그렇다. 나는 매일 헤매고 있다. 그래서 매일 자료를 찾아보며 열심히 공부했다. 그렇게 공부한 내용을 머릿속에 입력한 후, 아이를 관찰하고 적용해 무엇이 좋아졌는지 확인하는 일련의 행동들을 반복했다. 그때는 정말 좋았던 것 같다. 아이가 매일매일 계속해서 좋아지고 있었으니 말이다. 그래서 더더욱 자료를 찾아본 것 같다.

같은 고민을 하는 보호자들을 만나 이야기를 나누면 우리 아이가 받는 다양한 치료, 가족과 함께하는 주말여행, 왜 하는지에 대한 나름 합리적인 이유를 설명하면 우리 부부가 엄청 박학다식하고 이로 인해 아이가 빠른 시간 내에 좋아지고 있다고 말씀하시는 분들이 많다. 그런데 이런 나의 행동 또한 아이와 내게 양날의 검인 경우도 많다. 너무 많은 정보가 머릿속에 있다 보니 아이의 행동 하나하나가 다 자폐 아이처럼 보여 나를 흔드는 경우도 많기 때문이다. 어쩔 땐 사소한 아이의 표정 하나에도 괴로워진다.

센터에 가는 길, 아이가 손을 움직였다. 그냥 움직이는 것이 아니라 파닥파닥 움직였다.

'아! 저거 자폐 증상인데…'

더 걸어갔다. 손을 눈앞에 놓고는 가위질 모양을 흉내 내듯 움직였다.

'시각추구를 하는 것 같다.'

자기 입술을 뜯더니 코에 가져다 대며 냄새를 맡는다.

'이번엔 후각추구하네….'

학교를 나와 버스를 기다리는 그 짧은 시간 동안 나는 우리 아이가 자폐아라는 생각으로 가득했다. 이런 나를 다독여 주신 것이 센터 원장님이셨다. 센터 원장님이 옆집의 정상발달 하는 아이가 하면 괜찮은 것이고 우리 아이가 하면 뭐든지 이상하다는 생각을 버리라고 하셨다. 그래도 자꾸만 보여서 괴롭다.

요즘 내가 찾고 있는 키워드들은 언어발달에 관한 것이다. 언어치료를 꽤 오래 했는데도 아이의 의사소통이 원활하지가 않아 너무 답답하기 때문이다. 예후가 좋았던 아이들의 사례를 살펴보면 모두 말을 어느 정도 했다는 공통점이 있었다. 말을 해야 소통이 되고 다른 사람과 무언가를 할 수 있으니 그럴 것이다. 그런데 말이 뒤늦게 트였다는 아이들의 자료가 생각보다 없었다. 그저 말이 늦게 트였다가 전부다. 아니, 말이 트이기 직전에 뭔가 조짐이 있었을 텐데 그런 것도 없나 싶다.

초조한 마음에 인터넷 커뮤니티에 들어가 언어에 관한 자료를 찾아봤다. 한국의 유명한 교수님이 언어치료는 주 4회는 해야 한다고 말씀하셨다는 글이었다.

'어이쿠, 우리 아이는 지금 주 1회만 하는데 어쩌지?'

언어 수업에 대기를 걸었는데 우리 차례가 오지 않고 있다. 발품을 팔아 센터마다 대기를 걸어야 하나 또 초조했다.

한가지 걱정은 지금도 치료가 과한 것 같다는 것이다. 일주일에 최소 서른 시간에서 마흔 시간 정도는 개별 치료를 하라고 하는 사람도 있다고 하는데 우리 아이는 일주일에 7시간 정도 받는다. 매일 1시간에서 2시간 정도 받고 주말에는 쉰다. 이렇게만 수업을 받아도 아이가 지쳐 보인다.

비용도 만만치 않다. 한 달에 150만 원이 드는데 서른 시간이라니. 불가능하다. 여기에서 언어 수업을 안 하는 날짜에 매일 언어 수업을 넣는다면 주당 11시간이 된다. 아이가 버틸 수 있을까? 비용은 또 어떡하란 말이냐. 현재 문제행동들이 모두 소거된 것이 아닌데 언어 수업을 위해 다른 수업을 빼버리기도 막막하다.

'아. 정말 어떡하지.'

막막해하고 있는데 '펀 서스먼'이 쓴 책이 생각이 났다. 5년 전에 산 책인데 당시에는 크게 와닿지 않았다. 아이의 발달이 너무 미미해서 그랬다. 지금 보니 발달이 얼마나 올라오고 있는지 확인하고 발전시킬 수 있는 소중한 책인 듯하다.

이 책에서는 아이의 의사소통 단계를 4단계로 나눈다. 우리 아이는 작년까지 3단계인 초기 소통 단계였다. '안녕~ 잘가~' 등의 말을 하거나 '좋아요', '싫어요'와 같은 선택을 할 수 있다거나 '이거 뭐야?'라는 질문에 답을 할 수 있는 상태다. 또, 익숙한 상황에서는 잘 아는 사람과 상호작용이 가능하다. 작년까지 우리 아이가 그런 상태였다.

오늘 책을 펼쳐보니 아이가 4단계인 서툰 친구 단계에 올라와 있었다. 완벽한 4단계는 아니었지만 어느 정도 발달이 올라와 있는 것이다. 갑자기 희망이 조금 생긴다.

어제 찾아본 논문 중에 흥미롭게 본 연구가 있었다. 아이가 한 단어나 두 단어로 말을 하면 반향어를 사용할 경우가 많다고 한다. 반향어는 말을 그대로 따라 하는 것인데 "햄버거 먹을래?"라고 물으면 아이가 "햄버거 먹을래?"하고 내 말을 그대로 따라 하는 것이다. 그것을 즉각 반향어라고 한다. 예전에 들었던 말을 기억해놨다가 지금 사용하는 것을 지연 반향어라고 한다. 아이가 응급실에 갔을 때 자기가 소리를 지르다가 갑자기 "조용히 해!"라고 계속 외친 적이 있다. 이것이 바로 지연 반향어다. 자기도 조용히 하고 싶다고 얘기하려는 것인지 조용히 할 수가 없을 정도로 괴롭다는 것인지 어떤 이야기를 하고 싶었는지 모르겠지만 자기가 시끄럽게 하고 있다는 것은 알고 있었던 것 같다.

그런데 세 단어 이상 조합을 하기 시작하면 자발어가 나올 가능성이 크다는 것이다. 서툰 친구 단계의 아이들이 자기만의 문장을 만들어내고 짧은 대화를 하며 다른 사람이 자기의 말을 이해하지 못하면 자기 말을 고치거나 수정하려고 한다는데 지금의 우리 아이인 거 같다. 아이는 단어로라도 짧은 대화가 가능하고 우리가 말을 못 알아들으면 이해시키려고 글로 써서 온다. '아, 우리 아이가 정말 많이 발전한 상태였구나' 싶다.

괜히 또 조바심을 낸 것 같다. 아이는 느리지만, 열심히 성장하고 있었는데 내가 너무 욕심을 내서 초조했던 것 같다. 이젠 아이가 더 쉽게 이해할 수 있도록, 최선을 다해 세 단어 이상 조합을 할 수 있도록 길라잡이가 되어줘야겠다는 생각이 든다.

작년에 아이와 설악산에 가서 흔들바위까지 오른 적이 있다. 여동생은 '언제 도착하냐?'고 재잘재잘 떠드는데 아이는 한마디 말없이 천천히 따라서 오고 있었다. 힘들까 봐 중간 중간 미리 얼려갔던 물을 먹이고 쉬게 하면서 갔는데 아이는 힘들다는 내색도 없이 산을 오르고 있었다. 그렇게 우리 가족은 모두 흔들바위에 도착했다. 느리게 가도 목적지에 도착할 수 있었는데 나는 왜 이렇게 첫째를 보며 빨리 가라고 외쳤을까. 천천히 가더라도 도착하기만 하면 되는데 말이다.

너무 많은 정보를 가지고 '우리 아이는 자폐야, 저 행동은 딱 자폐 아이가 하는 것이야'라고 판단하는 습관을 버리려고 한다. 언어가 트이면 문제 행동들이 점차 소거된다는 글을 보았기 때문이다. 그러니 행동 하나하나에 의미를 두지 않기로, 우리 아이의 가장 든든한 지원군이 되기로 다시 다짐해본다.

참고 자료

- 배리 프리전트, 톰 필즈메이어 지음. 김세영 옮김. 《독특해도 괜찮아: 자폐스펙트럼장애 최고 권위자가 알려주는 보호자 행동 지침서》. 예문아카이브. 2023

- 펀 서스먼 지음. 이로미, 조아라, 박혜원 옮김. 《우리 아이 언어치료 부모 가이드: 자폐 아동 및 의사소통에 어려움이 있는 아이를 위한》. 수오서재. 2017.

제3장

긴급상황에
대처하기

긴급상황에
대처하기

절망이라는 것은 밀어내고 떨쳐내도 왜 이렇게 차곡차곡 쌓이는 것인지, 내가 일부러 모른 척하고 잊어버린 척하며 마음을 다독였으나 뜻밖의 사건으로 한꺼번에 밀어닥쳤다.

착한 딸로 살아온 27년, 그 뒤 좋은 아내로 살아온 10년. 도대체 어디서부터 단추가 잘못 끼워진 것인지 정말 모르겠다. 내가 바꿀 수 있다면 절망의 끝자락에서 희망을 부여잡고 버틸 텐데,

도저히 바꿀 수 없는 것들이 나의 숨을 조금씩 조여 온다. 그리고 나에게 사회적 사망 선고를 내린다. 그 순간, 내가 힘겹게 쌓아 올린 경력과 최선을 다해 적어 내려갔던 학력이 무용지물이 되는 느낌이었다. 나는 무엇을 위해 그렇게 열심히 살아왔던 것일까.

무엇보다 절망적인 것은 그 고통이 내가 아닌 아이에게 찾아올 때 도무지 어떻게 해야할 지 모르겠다는 것이다. 조심하고 대비하고 온갖 것들에 애를 써도 아이는 다치고 부서진다.

그 흔한 엄살조차도 못 피우는 아이의 고통을 부모인 우리가 어떻게 해줘야 할까.

병원의 끝판왕,
치과

이번에도 거절당했다. 전화를 걸어 방문 가능한지 묻길 여러 차례, 치과 방문이 이렇게 어려울 줄이야. 아이의 치과 치료만 생각하면 머리가 아팠다. 아는 지인은 아이의 치과 치료를 위해 서울에 있는 대학병원까지 간다고 했다. 아이를 데리고 대학병원을 갈 생각에 눈앞이 까마득했다.

선택지가 많지 않았던 나는 아이의 유치가 흔들릴 때마다 친정엄마를 소환했다. 내가 아이의 몸을 단단하게 붙들고 있으면, 친정엄마가 노련하게 아이의 이를 뺐다. 최대한 아이의 치아가 썩지 않게만 관리한다면 치과에 갈 일을 최대한 미룰 수 있을 거라 생각했다.

한 번은 장애인가족지원센터에서 대기하다가 발달장애 아동이 치료받을 수 있는 치과 목록을 알려준다는 소책자를 보았다. 반가운 마음에 적혀 있는 대로 인터넷 사이트에 접속했다.

'어라? 내가 사는 동네에는 등록된 치과가 없다?'

충격이었다. 그동안 내가 몰라서 못 갔다고 생각했는데, 그게 아니었다. 실제로 없었다. 내가 사는 지자체는 40만 이상 인구가 사는 제법 규모가 큰 시인데 등록된 치과가 없다는 것이 놀라웠다. 더욱이 등록된 치과가 없음에도 버젓이 소책자를 배포한 무신경한 행정도 충격이었다. 이걸 보며 나는 아이의 치과 방문을 완전히 포기했다.

그런데 문제가 생겼다. 아이가 이 때문에 너무 아파했다. 구취도 점점 심해졌다.

"아~ 해봐"

보다 못해 아이의 아픈 이를 확인해 보자고 입을 벌려 보라고 아무리 말해도 보여주지를 않았다. 엄청나게 썩은 것이 분명한데 아이는 자신의 아픈 이를 건드릴까 봐 손도 못 대게 했다.

치과 치료를 포기했다 다시 시도한 것은 3학년 1학기 초쯤이었다. 학교에 치과 의사가 와서 검진했을 때 이가 썩은 것 같다며 병원에 직접 방문해 검진 확인 결과서를 제출하라는 연락을 받았기 때문이다. 하지만, 발달장애 아동의 검진이 가능하다는 치과는 한 군데도 없었다. 치과 진료를 보기 힘들다는 것을 담임 선생님께 말씀드리니 검진서 제출 불가 서류를 낼 수 있게 조처를 해주셨다.

그러나 상황이 달라졌다. 이번엔 검진이 아니라 당장 치료해야 할 상황이었기 때문이다. 나는 계속해서 문의 전화를 돌렸다.

"치과에 와서 침대에 바르게 누울 수 있나요?"

"…그건 좀… 힘들 것 같은데…요"

"그러면 치료가 어렵습니다."

문의와 거절을 여러 차례 반복하니 힘이 빠졌다. 힘이 빠진다고 포기할 순 없었다. 내버려두면 다른 치아까지 썩을 수도 있고 아이는 고통 속에서 하루하루를 보낼 것이다.

아이만큼 나도 치과에 가는 걸 두려워했다. 치료가 무서워서가 아니라 면전에서 거부당한 경험이 나를 공포에 떨게 했다. 치과 치료는 발달장애 아이뿐만 아니라 정상발달 아이에게도 시련의 공간이다. 둘째도 흔들리는 이가 부러져 치과 진료를 받으러 간 적 있다. 역시나 치과 침대에 눕고 입을 버리는 과정이 한번에 되지 않았다. 치료가 쉽게 진행되지 않자, 나는 대기실에서 둘째를 호되게 야단쳤다. 무서운 나의 표정에 둘째는 마지못해 침대에 누웠다. 둘째의 부러진 이는 수월하게 빠지지 않았고 급기야 마취 주사까지 동원됐다. 둘째는 찌릿한 통증을 견디지 못했고 급기야 주사기를 잡아버렸다. 주사를 놓는 의사도 옆에서 둘째의 입을 벌리고 있던 간호사 선생님도, 나도 일순간 당황했다. 다행히 유혈사태까지 일어나지 않고 무사히 치료가 끝났지만 마무리까지 해피엔딩은 아니었다. 둘째의 발치를 완전히 끝낸 후 치과 병원비를 결제하러 갔더니 간호사 선생님께서 내게 말했다.

"치료에 비협조적인 아이는 치료해 주기 힘들 것 같습니다. 앞으로 어린이 전문 치과로 가서서 치료받는 게 좋을 것 같습니다."

그날의 경험은 나를 움츠러들게 했다. 이 하나 빼는 것이기에 아파트 단지 상가에 있는 치과에 간 것인데 앞으론 오지 말라는 소리를 들었으니 말이다. 정상 발달하는 아동도 동네 치과에서 오지 말라고 하는 마당에 발달장애 아동인 첫째는 어디로 가야 하는 걸까.

죽으라는 법은 없나 보다. 아이의 치과 치료 문제로 골머리를 앓고 있던 차에 예기치 못한 곳에서 해결책을 발견했다. 아이의 수영 수업에 갔다가 이 이야기를 다른 엄마들에게 했다. 그랬더니 발달장애 아동들도 많이 방문하는 치과가 있다고 추천을 해 주셨다. 또 수면 마취로 치료도 가능하다고 부연설명을 해주셨다. 내가 인터넷에서 찾았을 땐 왜 그 치과의 존재를 몰랐을까! 아무튼 같이 수업 듣는 엄마의 정보 덕에 다음 날 바로 전화했다. 치료 가능하다는 정보를 듣긴 했지만 혹시나 거부당할까 봐 무서워서 덜덜 떨리는 목소리로 물었다.

"저기... 발달장애 아동도 치료 가능할까요?"

"가능합니다. 그런데 아이가 다칠 수 있으니 발달장애 아동 치료 경험이 많으신 원장님에게만 치료 가능합니다. 예약 잡아드릴까요?"

가능하다는 답변에 쾌재를 불렀다. 검진은 열흘 뒤. 아이에게 열흘만 참으라고 한 뒤, 예약 시간에 맞춰서 치과로 갔다.

나는 치과를 처음 가는 아이가 돌발행동을 하지 않도록 가는 날 아침부터 아이에게 치과의 장점을 이야기했다.

"아~하고 이를 벌리면 멋진 사진을 찍어줄 거야. 이쁘게 찍혀야겠지? '아~'하고 한번 해봐. 연습해 보자"

아이는 호기심이 넘치는 표정으로 아~하는 연습을 몇 번 했다. 아이는 이쁘게 사진 찍히고 싶은지 치과에 도착하고 대기실에서도 '아~' 연습을 계속했다.

우리는 예약시간 15분을 앞두고 치과에 도착했다. 우리 아이 말고 발달장애 아동들이 대기실에 꽤 보인다. 진작에 이 치과를 찾아내지 못한 것인지 괜히 나의 검색 능력을 원망했다. 예약은 오후 네 시에 했는데 거의 다섯 시가 돼서 우리 아이의 이름을 불렀다. 한 시간 대기 즈음이야. 치료만 가능하다면 뭔들 못 참을까. 간호사가 가리킨 침대로 갔다. 나는 아이에게 침대에 누우라고 했다.

"여기 누우면 이 사진 이쁘게 찍어 주실 거야"

웬일로 순순히 눕는다. 천장에 달린 TV에서 유튜브 동영상이

재생되고 있었다. 역시나 우리 아이는 관심이 없다. 그때 간호사 선생님 세 명이 들어와서 엄청 빠른 손으로 아이를 그물망에 넣었다. 아이가 꼼짝도 못 하게 되자 짜증을 내며 소리를 지르기 시작했다. 그물망을 가지고 온 간호사 선생님 중 한 명이 차분하게 다른 간호사 선생님께 말했다.

"빨리 치아 사진 찍을게요."

그러자 재빠르게 간호사 선생님 한 분이 손에 휴대할 수 있는 카메라처럼 생긴 기계를 가지고 왔다. 휴대용 엑스레이 기계였다. 간호사 선생님은 입안에 작은 판을 넣고는 재빠르게 사진을 찍었다. 아이는 자신의 이 사진이 화면에 뜨니 재밌는지 쳐다본다. 아픈 이쪽을 건드릴 땐 화를 엄청나게 냈지만 그래도 사진은 다 찍었다.

엄마는 분명 이 사진만 찍을 거라고 했는데 그물망에서 자신을 풀어주지 않자 아이가 고래고래 소리를 질렀다.

"으아!"

"선생님 금방 올 거니깐 조금만 참자"

소리를 점점 크게 지르는 아이를 향해 나는 선생님이 와야 사진 찍는 게 끝난다고 아이를 어르고 달랬다.

드디어 의사 선생님과 누가 봐도 베테랑인 듯 보이는 간호사 선생님 한 분이 들어왔다. 나는 본격적인 치료에 앞서 무엇을 도와야 할지 여쭈어보았다. 병원 진료를 볼 때면 아이가 몸부림을

치지 못하도록 아이의 어느 한 부분을 잡고 있는 게 보통이었기 때문이다.

"제가 어디를 잡고 있는 게 좋을까요?"

"안 잡으셔도 됩니다."

나는 혹시나 다리를 들썩일까 봐 종아리 쪽을 잡고 진료하는 것을 지켜봤다. 의사 선생님은 아이의 머리를 왼쪽 겨드랑이에 딱 끼우신 후 재빠르게 이를 체크했다. 간호사 선생님은 아이가 고개를 돌릴까 봐 잡고 계셨다. 의사 선생님은 아이가 입을 벌릴 수 있도록 구강 기구를 넣고 손톱 크기의 미러로 아이의 입안을 재빠르게 살펴보셨다. 검진 완료. 순식간이었다. 이렇게 빨리 끝내다니 입이 턱하고 벌어졌다.

입안에서 차가운 치과 기구들이 빠져나가자 아이가 또다시 고래고래 소리를 질렀다. 아이가 소리를 쳐도 의사 선생님과 간호사 선생님은 익숙한 듯 당황하지 않고 나를 바라보시면서 치아 상태를 설명했다.

"너무 심하게 썩어서 염증도 있고 통증도 심할 것 같은 이 2개만 오늘 발치하시죠."

"알겠습니다."

다시 각자의 자리로 갔다. 공포의 마취 주사가 등장하자 아이가 온몸을 뻗대며 소리를 더 꽥꽥 질렀다. 의사와 간호사는 동요 없이 마취약을 다 넣고 사라졌다. 또 다른 간호사가 왔다.

"마취해서 감각이 없어 아이가 입술을 깨물 수 있어요. 잘 살펴보세요."

주의사항을 알려주러 온 간호사 선생님은 이에 물 수 있는 솜을 하나 주고 갔다. 마취약이 퍼지는 동안 아이는 더 열심히 치과가 떠나가라 소리를 질렀다. 그렇게 몇 분이 흘렀다. 의사 선생님이 다시 왔고 기구를 드시더니 전광석화의 속도로 치아를 뽑았다. 엄청나게 썩은 이 두 대가 나왔다. 치아가 뽑히고 잠시 지혈을 시킨 후에 남편에게 아이를 데리고 먼저 차에 가 있으라고 했다. 아이가 너무 소리를 질러서 도저히 병원에 놔둘 수 없었기 때문이다.

아이는 병원 문을 나설 때까지 악을 썼는데 병원 문을 나가자마자 갑자기 씩 웃었다. 더는 치료 받지 않아도 되는 것 같아 안심한 것일까.

아이의 이는 부러진 것도 있고 썩은 것도 있었다. 일주일 뒤에 수면 치료를 하기로 하고 예약했다. 아이를 잡고 이 뽑는 사이에 힘이 쭉 빠져서 아이를 친정에 맡겨두고 남편이랑 매운 주꾸미 볶음을 먹으러 갔다. 밥을 먹으면서 생각했다.

'치과에 계신 분들 대단하다'

동네 치과에 갔을 때 면박을 당했던 기억은 이번 치과에서 발달장애 아동을 대하는 모습을 보고 사라졌다. '발달장애 아동은 그럴 수 있어'라는 표정으로 전혀 동요하지 않고 빠르게 치료해

주시는 모습에 감동했다. 간호사 선생님들도 아이의 상태를 알고 있기에 재빠른 대처로 부모를 안심시켜 주셨다. 우리 아이를 받아줄 치과가 있다니 갑자기 우리 사회 안에 아이와 내가 포함된 기분이 들었다.

그렇게 일주일 뒤, 우리 아이는 수면 치료를 통해 썩은 이들을 뽑고 치료했다. 이가 더는 썩지 않길 바라며 칫솔질을 열심히 가르쳐 본다.

아이실종,
그 날 나는 사회적
사망선고를 받았다.

그날은 이상하게도 재택근무를 하고 싶은 날이었다. 갑자기 일이 몰아쳤고 논문 마감일이 코앞으로 다가와 온 세상의 설탕을 끌어 모아 키보드를 두드려대고 있었다. 타닥타닥. 키보드 소리밖에 들리지 않던 거실에 우웅~ 하는 진동이 울렸다. 친정엄마였다. 스피커폰 버튼을 누르고 '여보세요?'라고 말하자 짜증 섞인 목소리가 나를 긁었다.

"너는 씨!"

엄마가 뱉은 첫 번째 문장이었다.

아이가 사라졌다고 한다. 우연히 학교 근처를 지나던 친정엄마가 이 사실을 알고 전화를 건 것이었다.

나는 아직 학교에서 받은 연락이 없으니 진정하시라고 말씀드렸다. 그러자 더 큰 타박이 내게 돌아왔다.

"잃어버린 지 이제 5분 됐대"

아이를 잃어버린 것이 내 잘못도 아닌데 나는 아이를 찾으러 나서기도 전부터 비난을 받았다. 아이가 잘못하면 항상 화살은 엄마인 나에게로 왔다. 너무 흔한 일이라서 익숙해질 법도 하련만 언제나 상처받는 것은 마찬가지다.

아이를 잃어버리게 된 경위는 단순했다. 학교에서 야외수업으로 근처 공원에 갔고 곤충을 관찰하기 위해 담임 선생님이 아이들에게 돋보기를 나눠주는 찰나에 사라졌다고 했다. 같은 반 아이 중 그 누구도 아이가 사라지는 장면을 보지 못했다. 나는 야외수업이 있었던 공원으로 갔다. 평소 첫째가 가보고 싶어 했던 풀숲으로 들어갔다. 풀숲은 길게 학교 정문으로 이어져 있었다. 아이 이름을 부르며 재빠르게 통과했는데 아이는 보이지 않았다. 남편과 통화를 한 뒤, 재빨리 경찰에 신고했다. 가끔, 문자로 오는 실종경보 정보를 보면 빠른 신고만이 답인 것 같았다.

"아이를 10분 전에 잃어버렸는데요. 발달장애 아동이에요."

아이를 어떻게 잃어버렸는지 얘기하기도 전에 내 입에서 발달장애라는 단어가 먼저 튀어나왔다. 상황의 위급함을 어떻게든 알리고 싶었다. 신고를 한 지 몇 분 지나지 않아 경찰차가 학교 앞 정문으로 왔다. 등굣길에 아이 사진을 찍어 둔 것이 있어 건네고 어디에서 잃어버렸는지 얘기했다. 그때 경찰관의 가슴에

꽂혀있던 무전기에서 목소리가 흘러나왔다.

"보호자 없는 아동이 물놀이 하려고 옷을 벗으려고 해서 지금 보호 중입니다."

그 소리를 듣자마자 우리 아이임을 직감했다. 밖에서는 옷을 벗은 적은 없으나 집에서는 목욕하겠다고 옷을 벗어버릴 때가 종종 있었기 때문이다. 경찰은 내가 보낸 사진과 보호 중에 있다는 아이 사진을 대조했다.

"맞는 거 같습니다. 가시죠."

경찰차를 타고 함께 이동했다. 이동하는 중에도 불안은 가시지 않았다. 나는 그 짧은 시간에도 두서없이 이야기를 쏟아냈다.

"아이가 갑자기 사라져 버린 적은 처음이에요."

놀란 가슴을 진정하기 위해 말하는 것을 눈치챈 경찰관은 내가 긴장을 풀 수 있게 너스레를 떨며 맞장구를 쳐주었다.

"아이가 엄마를 닮아서 예쁘게 생겼네요."

차가 서행을 하자 경찰들과 공원 관리자들이 아이를 둘러싸고 서 있는 것이 보였다. 아이는 맨발이었다. 물놀이를 하느냐고 양말과 신발이 홀딱 젖어서 신지 않겠다고 버티고 있었다. 나는 아이에게 다가갔다. 사라져서 엄마가 놀랐다는 것을 최대한 티 내지 않기 위해 평소와 같은 목소리 톤으로 아이에게 말했다.

"혼자 가버리면 안 돼. 신발 신고 이제 학교로 가자."

"시-러-요-"

평소 같으면 별로 문제가 될 것 없다고 생각했는데 싫다고 말하는 아이의 음색에서 유난히 로봇 같은 느낌을 받았다. 사람들이 자신을 둘러싸 모여 있었기에 여기서 내가 화를 내거나 눈물을 보이면 아이가 더 당황할거라 생각했다. 우선은 학교로 돌려보내는 것이 아이에게도 좋을 거라고 판단했다. 차분한 음색을 유지하며 지금은 학교에 갈 시간이라고 아이에게 설명했다. 학교에 가려면 맨발로 갈 수 없으니 신발을 신어야 한다고 타일렀다. 젖은 양말과 신발을 신겼다. 아이를 발견한 공원 관리자에게도 출동해 주신 경찰관들에게도 허리를 숙여 감사하다고 인사를 드렸다. 그리고 아이의 손을 잡고 학교로 향했다. 정문 앞에 계신 선생님에게 인계했다.

옆에서 상황을 지켜보던 경찰관은 아이가 학교에 들어가자 앞으로 유사한 사례가 발생했을 시에 대응 방법을 일러주었다. 아이를 또 잃어버리게 되면 출동 중에 찾았다는 소식을 들어도 좋으니 5분 안에 신고하라고 했다. 또, 아이의 현재 모습을 최신상태로 자주 업데이트해 실종 시에 경찰이 확인할 수 있는 어플도 알려주었다.

아이를 잃어버렸을 때, 빨리 찾을 수 있다고 생각했다. 돌이켜보면 일종의 주문 같은 것이 아니었을까. 그 짧은 시간에도 천국과 지옥을 오가는 스스로를 잘 알기에 나쁜 일이 내게도 일어날 수 있다는 생각 자체를 차단해 버렸다. 내가 이성을 잃어버리면 더더욱 아이를 찾기 힘들어진다는 생각에 아이를 찾을 때까지 정신을 붙잡아야 한다고 마음을 다잡았다.

집에 도착해 남편에게 상황을 전달한 후, 멍하니 식탁 의자에 앉아 있었다. 갑자기 서러움이 몰려왔다. 밀려오는 감정에 수건에 얼굴을 처박고 대성통곡을 했다. 아이가 사라졌을 때 내가 동요하면 선생님들이 더 놀랄 것 같아서 감정을 드러내지 않으려고 노력했는데 집에 오니 긴장감이 풀렸던 것 같다.

그렇게 한참을 울고 재활용 쓰레기를 버리러 나갔다. 단지 내 아파트에서 놀고 있는 아이들의 목소리가 들렸다. 화제는 오늘 사라진 우리 아이였다.

"너, 얘기 들었어? 20분은 걸어가야 하는 데를 10분 만에 가서 수영하고 있었대!"

"우와~대박!"

아이들은 사라졌다 나타난 우리 아이의 일화를 재미난 모험담인 것처럼 떠들었다. 뭐든지 느린 줄만 알았던 아이가 엄청 빠른 거 같다며 학교를 탈출한 일이 그저 부럽다는 듯 웃었다. 저학년 아이들의 천진난만함에 나는 그저 가슴을 쓸어내렸다. 사라졌던 오빠의 소식을 들었는데도 여동생은 태연하게 오빠가 사라졌던 그 공원에서 자전거를 탔다. 모든 게 사소한 헤프닝인 것처럼 느껴졌다. 동시에 아무렇지도 않게 흘러가는 일상이 무섭게 다가왔다.

멍하니 벤치에 앉아 자전거를 타는 둘째를 힘없는 시선으로 바라보고 있을 때, 평소 인사하고 지내던 아이의 동급생이 벤치에 앉았다. 그러더니 자신의 엄마에게 게임을 하고 싶으니 휴대폰 잠금을 풀어달라고 했다. 나는 그 모습도 멍하게 바라보았다. 그때 동급생인 아이가 나에게 갑자기 물었다.

"걔도 휴대폰으로 게임해요?"

"아니, 사진 찍거나 유튜브 보거나 아님 그림 그려."

"하긴, 장애인이 게임을 어떻게 해요~"

아이의 사소한 대꾸가 낙인처럼 내 몸에 찍혔다. 그날 밤, 그동안 모른 척했던 나의 미래가 현실로 몰아닥쳤다.

'자폐'

내 입으로 내뱉어 버리면 정말로 그렇게 될까 봐, 절대 내뱉지 않았던 두 글자가 오한을 동반하며 내 몸을 휘감았다. 우리 아이는 말이 느릴 뿐이고 언젠가 유창하게 '엄마'라고 외치며 재잘거릴 거라고 생각했던 나의 믿음이 산산이 부서졌다. 나와 아이는 앞으로도 '자폐'라는 저 두 글자에서 영원히 벗어나지 못할 거라는 두려움이 엄습해 왔다.

사람이 벼랑 끝에 몰리면 평소에 하지 않았던 행동을 한다고, 다음 날 용하신 분을 찾아갔다. 처음 가보는 낯선 곳에서 향을 피우고 앉아 내 미래를 얘기했다. 아이는 더 좋아지지 않고 이렇게 자폐로 살아가야 하는지, 아니면 많이 좋아져서 스스로 세상에 나아가 나로부터 독립할 수 있는지 물었다. 시간이 아주 오래 걸릴 거라고 했다. 평범하게 살 수는 없을 거라고도 했다. 확인 사살이었다. 그동안 모른 척 외면했던 것들이 더 이상 외면할 수 없음을 직감했다. 세상이 나를 향해 조소를 날렸다.

'내가 뭐라 그랬어?'

아이가 내 곁을 떠나 행복하게 살아갈 것이라고 믿었는데 그 모든 게 부질없는 희망이었다. 나는 아이가 자라 성인이 되고 죽을 때까지 아이에게서 벗어나지 못 할 거라는 생각에 숨이 막혔다. 그냥 높은 곳에서 뛰어내리면 시원하지 않을까? 그렇게 이 삶을 끝내고 싶었다.

첫 실종 사고가 일어난 뒤, 미리 계획했던 가족여행을 떠났다. 가족여행의 컨셉은 발달장애 아동의 대근육 발달을 위한 등산이었다. 등산과 승마, 수영이 아이의 언어발달에 그렇게 좋다는 얘기를 꾸준히 들었기에 등산 여행을 계획했다. 부제는 여행 도중에 정했는데 '다양한 바위를 다양한 거리에서 만나기'였다. 나와 남편, 아이와 둘째는 설악산 흔들바위까지 올라가 보기로 했다. 사실, 아이들은 뭔지도 모르고 좋다고 따라나섰고 결정은 어른이 했다.

오르막이 계속되자 둘째의 입이 점점 나왔다. 힘들어서 돌아가고 싶다고 투덜거렸다. 그래도 올라가 보자며 어르고 달랬다. 아이는 언어소통에 제한이 있어서 투덜대지 않았다. 그저 묵묵히 천천히 따라오고 있었다. 그렇게 한참을 걸어 드디어 흔들바위에 도착했다. 정상에 도착하니 바위고 뭐고 물을 벌컥벌컥 마시기에 여념이 없었다. 흔들바위 뒤에서 솟아나는 약수를 마시는데 온통 정신이 팔려 있었다. 우리 가족은 시원한 물을 마시고 흔들바위에 다가가 바위를 흔들어보았다. 바위는 꿈쩍도 하지 않았다.

'그래, 둥글둥글하다고 모두 흔들리는 게 아닌데 나는 왜 이렇게 이리저리 흔들렸던 것일까…'

동네 아이의 말 한마디에, 생면부지 점쟁이의 말에, 그 외 우리를 둘러싼 무수한 사람들의 스쳐가는 말에 나는 크게 휘청거렸다. 막상 그 말을 한 사람은 자신이 그런 말을 한지 기억도 못할 텐데 왜 그렇게 나는 흔들렸을까. 내가 나약했기 때문이었을까. 그렇게 내가 흔들리는 동안 아이는 천천히 아주 천천히 걸어서 하나씩 자신이 하지 못했던 경험과 도전을 해내고 있었다. 느리지만 완벽하게 목표를 달성했다. 그 모습을 생각하니 갑자기 힘이 생겼다.

'그래, 등산도 내 다리로 내 의지로 걸어야만 완성되는데 타인의 말이 뭐 그리 대수라고 나를 괴롭혔을까.'

아이가 실종된 후 나는 정말로 죽고 싶었다. 이 굴레에서 벗어나지 못할까봐 생을 끝내고 편해지고 싶었다. 그런데 아이는 힘들어도 괴로워도 묵묵히 한발 한발 오르며 앞으로 나아갔다. 내가 그렇게 흔들리는 동안에도 아이는 조금씩 성장했다.

정상에 서서 시원한 바람을 맞으며 바위를 밀어도 보고 기대도 보는 아이를 보았다. 스스로가 부끄러웠다. 애써 밝은 척, 우리 아이는 자폐가 아닐 거라며 부정하는 못난 엄마는 그날부로 떠나보냈다. 나는 과거의 나약한 나 자신에게 스스로 사망선고를 내렸다. 이젠, 아이를 직시하며 아이가 천천히 한 걸음 한 걸음 내딛도록 응원해 주기로 했다. 또, 내 삶을 꾸며대지 않기로 했다.

아이가 두 시간은 징징거린 날이 있었다. 예전 같으면 각성이 더 올라오지 않도록 교육에서 배웠던 대로 아이가 차분해질 때까지 나의 화를 누르고 버텼을 텐데 이젠 그러지 않았다. 내가 느끼는 감정을 솔직하게 아이에게 말했다.

"이렇게 하면 엄마도 힘들어 힘들다 보면 마냥 너를 예뻐할 수 없어 엄마도 누군가를 좋아할 수 있고 싫어할 수도 있어."

서른 중반이 돼서야 드디어 내 마음을 아이에게 솔직하게 말할 수 있게 됐다.

응급실,
결국 교통사고가 일어났다

　친정에서 연락이 왔다. 친정아빠가 아이를 데리고 나갔다가 사고가 났다는 전화였다. 아이가 자동차 뒷좌석에 앉아 있다가 문을 여는 바람에 차에서 떨어졌다는데 다행히 신호대기 중에 차 문을 열었다가 출발과 동시에 떨어져서 속력이 세지 않았다고 했다. 아이는 겉으론 멀쩡하다는데 아빠는 병원에 가서 뭐라도 찍어야 하지 않겠냐고 말씀하셨다. 아빠가 볼 땐 겉으론 괜찮은 것 같아서 일단 아이를 데리고 집으로 오고 있다고 하셨다.

　10분 뒤, 아이가 도착했는지 친정엄마에게서 전화가 왔다. 엄마의 말이 두서가 없었다.

　"아이 머리가 터진 것 같아. 안전띠를 해서 앞좌석에 앉혀야 했는데 그걸 하지 않아서 사고가 났어."

전화로 소리를 지르고 난리가 났다. 빨리 오라고 전화기로 소리를 치는 데 정말 답답했다. 긴급한 상황이면 바로 응급실로 애를 데려가고 병원으로 가야지 지금 뭐 하는 건가 싶었다.

아파트에 도착해서 엘리베이터를 탔는데 토한 자국이 보였다. 느낌이 싸했다. 현관문을 열자마자 엄마에게 다급히 물었다.

"토했어?"

엄마는 아이가 토했다고 말했다. 얼굴이 하얗게 질렸다. 입을 다물지 못하고 엄마를 쳐다보았다. 그 짧은 사이에도 엄마는 자신이 얼마나 놀랬는지 나를 향해 주절거렸다.

"병원 가야 해!"

나는 소리를 질렀다. 그제야 상황의 심각성을 알고 친정 아빠는 차 열쇠를 챙겨 밖으로 나갔다. 엄마는 아이를 데리고 나왔다. 아이 키우는 엄마들은 다 알 것이다. 아이가 넘어지거나 떨어졌을 때 토하면 무조건 병원으로 달리라는 것을 말이다. 그래서 우리는 급하게 가장 가까운 응급실로 갔다.

엄마는 아이의 머리가 터졌다고 소리치며 부산을 떨었지만 내가 가서 확인하니 머리에 피가 줄줄 흐른 것이 아니라 쓸려서 피가 난 자국이 보이는 정도였다. 중요한 순간에 정확하지 않은 정보는 사건을 해결하는데 하등 도움이 되지 않는다. 물론 너무 놀라서 제대로 된 상황판단을 못 했을 수도 있고 누군가 진정시켜 주기를 바래서 쉬지 않고 말하는 것일 수도 있겠지만, 그런 응석을 받아줄 만큼 나 또한 여유가 없었다. 만약 뇌출혈이 있었다면 지체된 30여 분의 시간 동안 무슨 일이 있었을지 모른다.

나는 사고 현장에 있었던 아빠에게 아이가 떨어졌을 때의 상황을 다시 여쭤보았다. 아이가 어떻게 떨어졌는지, 뒤나 앞에서 다른 차량이 와서 충돌했을 가능성은 없는지, 시속은 어느 정도 됐는지, 오면서 토한 증상 외에 다른 이상한 점이 있었는지 물었다. 아빠도 많이 놀랐던 탓에 응급실에서 의사가 묻는 말에 제대로 답하지 못할 수도 있기에 응급실로 향하는 차 안에서 차분한 목소리로 사고 당시의 상황을 복기시켜 드렸다.

응급실에 가서 접수증을 쓰는데 아이가 몇 걸음 걸어가더니 바닥에 누워버렸다. 나는 아이가 쓰러진 줄 알고 접수증을 데스크에 넘기고는 뛰어갔다. 알고 보니 아이는 어지럽고 토할 것 같아 누워버린 거였다. 간호사 선생님들이 봉투를 가져오셔서 아이가 토할 수 있게 도와주셨다. 지난번 실종사건을 교훈 삼아 최대한 차분하게 상황을 설명하려 했지만, 아이가 누워버리는 모습을 보고 마음이 다급해졌다. 의사 선생님께서 아이의 상태를 진단하러 오시자 아버지에게 들었던 말들을 속사포처럼 쏟아냈다.

"아이가 자동차 뒷좌석에서 떨어졌어요. 신호대기 하다 차가 출발하면서… 속도는 빠르지 않았는데, 우리 아이가 발달장애가 있어서 어디가 아픈지 말을 못해요."

아이를 진찰하러 오는 의사 선생님, 접수를 도와주시는 간호사 선생님, 아이에게 다가오는 응급실 선생님들께 같은 말만 반복했다. 사고가 났고, 큰 사고는 아닌데, 아이가 발달장애여서 어디가 아픈지 말을 못 한다는 말만 앵무새처럼 반복했다. 차분함을 가장했지만 다급했고, 침착하려 했지만 긴장감을 숨길 수 없었다.

응급실 선생님들은 치료가 원활하게 진행될 수 있도록 안내해 줬다. 어지러워 서 있지 못하는 아이를 진료실로 데려가기 위해선 휠체어에 태우는 게 좋을 것 같다고 말씀하셨다. 나는 아이에게 휠체어를 가리키며 말했다.

"여기 앉을까?"

"가만히 있어! 가만히 있어! 가만히 있어!"

아이는 절대로 휠체어에 앉지 않겠다고 버티며 크게 외쳤다. 아이의 목소리에는 이미 물기가 묻어 있었다. 주사를 맞을까 봐 무서웠던 것인지 같은 말만 반복하며 온몸을 비틀며 휠체어에 앉기를 거부했다.

내가 아이를 제압하지 못하자 간호사 선생님 중 한 분이 아이를 번쩍 들어 침대에 눕혀주셨다. 검사실에서 검사실로 진료실에서 진료실로 이동할 때마다 아이는 거부했고 그때마다 의사 선생님, 간호사 선생님들께서 도와주셨다.

의사 선생님 말씀으론 토하는 건 자연스러운 현상이라고 하셨다. 그러니 토하기 때문에 문제가 있는 것은 아니고 지금 집에 가도 사실 상관은 없겠지만 아이가 어리니까, 엄마들이 보통 걱정이 돼서 CT를 찍고 확인하고 간다고 하셨다. 아이가 발달장애라서 CT 찍는 데 어려움이 있을 수 있는데 혹시 수면제 등으로 아이를 재운 후에 찍을 수 있냐고 물어봤더니 가능하다고 하셨다.

병원 밖으로 나가겠다는 아이를 어르고 달래서 침대에 겨우 눕혀 놨다. 본인도 놀라고 힘들었는지 가만히 누워있다가 괜히 또 집에 간다고 소리치며 울어봤다가 누웠다가 행동이 왔다 갔다 했다. 힘이 빠졌는지 얌전히 누워만 있자 간호사 선생님이 지금 CT를 잘 찍을 거 같은데 엄마 손 잡고 한 번 찍어보는 게 어떠냐고 하셨다. 지금은 얌전히 있지만 갑자기 돌발행동을 할 수도 있어서 괜찮을지 확답을 못 드리겠다고 말씀드렸다. 그러자 다른 선생님 하시는 말씀이 보통 진정제를 먹고 CT를 찍기도 하지만 지금 아이가 구토 증세가 있으니 진정제 없이 그냥 도전해 보자고 하셨다.

CT실에 가니 의외로 아이가 선생님의 말씀을 곧잘 따랐다.

"선생님이 열까지 셀 테니까 그때까지 기다려요 하나. 둘. 셋. 넷. 다섯. 여섯. 일곱. 여덟…"

여덟까지 숫자를 세시더니 CT 촬영이 다 끝났는지 더 이상 숫자를 세지 않으셨다. 그때 아이가 누워서 외쳤다.

"아홉! 열!"

웃음이 나왔다. 선생님이 아홉과 열을 안 했다고 자기가 채우다니. 아이 덕분에 반나절 굳어져 있던 몸의 긴장이 풀렸다. 그 이후로도 아이는 옆방으로 가서 엑스레이도 잘 찍고 침대로 돌아왔다. 다행히 뇌출혈은 없고 넘어지면서 생긴 혹만 CT에 잡혔다. 구토를 한 것은 넘어지면서 그 충격으로 뇌진탕이 왔기 때문에 나타난 증상이고 별다른 이상은 없다고 설명해 주셨다.

"집에 가서 사지 마비가 오는지, 증상이 완화되지 않고 더 심각하지 않은지 확인해 주세요. 2~3일이 지나도 별일이 없으면 괜찮을 거예요."

의사 선생님의 마지막 당부를 끝으로 아이와 나는 집으로 돌아왔다. 아이는 집에 와서 한 번 더 토했다. 이제는 불편한 걸 다 게워 냈는지 어지러워하거나 힘들어하지 않고 개운한 듯 보였다. 그리곤 웃으며 종이접기를 하다가 잠들었다.

병원에 갈 때마다 가장 먼저 하는 말이 있다.

"아이가 발달장애가 있어서 언어 사용에 제한이 있습니다."

처음엔 이 말을 하는 것이 참 어려웠다. 자연스럽게 나오는 날이 과연 올까 싶었는데 이젠 자연스럽게 말한다. 내가 버벅거릴수록 치료에 혼선이 올 수 있음을 알기에 가장 먼저, 가장 자주 하는 말이 됐다. 아이와 안과에 갔을 때도 그랬다. 발달장애가 있는 아이라서 학교에서 시력 검사를 못 해서 왔다. 아이가 협조가 정말 안 될 수도 있다고 말했다. 재밌게도 그날, 아이는 시력검사표를 보고 간호사 선생님이 가리키는 숫자를 보이는 대로 잘 읽었다. 우리 아이의 시력이 1.0, 1.0이었다니. 예전엔 실패했는데 아홉 살이 돼서야 시력을 알게 됐다. 주사 맞는 것이 아니라는 걸 알면 아이도 얌전히 협조하는데 그 전에 병원 가기가 참 힘들다. 예전에 학교에서 갑자기 열이 났을 때는 활동보조 선생님이 아이를 꽉 안아주셔서 진료를 보기도 했다. 나는 아이가 버둥대면 뒤로 나자빠질 때가 많은데 선생님들은 노하우가 있으신지 딱 잡고 버티신다.

정상발달 아이를 키우는 엄마들도 마찬가지겠지만 긴급한 상황에 과잉정보는 오히려 혼란만 부추긴다. 평소에 잘하던 정보의 중요도를 판단하는 것도 이때만 되면 잘되지 않는다. 아이 때문에 여러 차례 병원을 다니면서 느낀 것은 절대 놀라는 모습을 아이에게 티 내지 말고 신속히 병원으로 가서 의사가 묻는 말에만 대답하는 것이 문제를 해결하는 가장 좋은 방법이라는 것이다. 아이가 계속 토하고 바닥에 철퍼덕 넘어지는 걸 보며 나도 너무 놀라서 손이 벌벌 떨렸다. 그래도 최선을 다해서 감정을 억누르고 있었다. 그래야만 했다. 그래야 아이의 상태를 빨리 파악해서 치료받을 수 있으니 말이다.

감정을 드러내지 않는 것만큼 또 중요한 것. 의사가 묻지 않아도 꼭 말해야 하는 것이 '아이가 발달장애를 갖고 있다'는 사실이다. 대면 진료 시 환자에게 묻는 통증 부위, 통증 정도와 같은 간단한 질문에도 발달장애 아이는 대답을 원활하게 하지 못한다. 의사나 간호사 선생님에게 빨리 알려야 신속한 치료가 뒤따른다.

마지막으로 아이에게 보내는 신호도 중요하다. 아이는 어디가 아픈지 얼마나 아픈지 구체적으로 말할 수도 없고 말을 하고 싶어도 표현이 잘 안된다. 그럴 때 마다 아이는 괴롭고 무서울 것이다. 그 순간 아이가 믿을 사람은 양육자밖에 없다. 그러니 아이의 상황을 빨리 말하고 아이를 안심시켜 주자. 응급실 침대에서 어쩔 줄 모르던 우리 아이에게도 '엄마가 정말 사랑하는 거 알지? 오늘 많이 놀랐지? 괜찮아. 엄마가 옆에 있어 걱정하지마 이제 안 아플거야'라는 말을 반복해서 해주었다. 불안해하던 아이도 이내 안심하고 잠이 들었다.

발달장애 아이들은 상황 파악을 못 해 사고가 나는 경우가 많다. 그러니 큰 사고가 났을 때 감정을 앞세우지 말고 정말 잘 대처하자. 무엇보다, 이제 사고가 안 났으면 좋겠다. 제발.

스쿨존 사고,
차에 쿵 했어요!

전조는 늘 찾아온다. 그리고 우리에게 넌지시 알려준다.

'다음엔 더 큰 게 온다?'

명석한 이들은 전조가 보낸 메시지를 듣고 미래를 대비한다. 현실에 눈먼 자들은 메시지를 알고도 무시한다. 손해를 감수하면서 오지 않은 미래를 준비하려 하지 않는다. 대다수 나 같은 평범한 사람들은 전조가 왔는지도 모르고 지나간다. 사소한 경고를 내 인생의 가장 큰 시련으로 받아드리고 앞으로는 괜찮을 거라고 애써 스스로를 위로한다.

아이가 또 실종됐다. 두 번째 실종은 너무 위화감 없이 찾아왔다. 아이가 활동보조 선생님과 함께 돌봄 교실에서 나온 후, 2층에서 1층으로 열심히 뛰어 갔다고 한다. 평소처럼 1층 현관에서 신발을 갈아 신을 줄 알고 따라가셨는데 아이는 없었다.

경찰에 신고한 후, 학교로 갔다. 나는 아이 이름을 연신 불러댔다. 보이지 않았다. 행정실로 갔다. CCTV를 확인해 달라고 했다. 아이가 학교 밖으로 나갔는지만 봐달라고 했다. 시간상으로 교내를 나갈 리가 없다고 판단했기 때문이다. 그리고선 다시 아이를 찾으며 아이의 이름을 불렀다. 그렇게 아이를 애타게 부른지 10분이나 지났을까. 경찰에서 연락이 왔다. 아이를 찾았다는 연락이었다. 경찰에서 무척이나 빠르게 아이를 찾아줬다. 다행히, 아이가 위험하게 돌아다니는 것을 본 운전자 한 분이 그냥 지나치지 않고 아이를 파출소에 인계해 주셨다. 운전자 선생님에게 고맙다고 연락처를 달라고 했더니 별일 아니라며 그냥 가셨다고 한다.

활동보조 선생님은 아이를 찾았다는 소식을 듣자 학교 현관에 털썩 주저앉아 목놓아 우셨다. 나는 찾았으니 괜찮다고 말씀드리곤 경찰이 아이를 학교 정문으로 데려온다고 하니 내가 먼저 가 있겠다고 덧붙였다. 말씀하시지 않아도 알 수 있었다. 우리 아이가 실종되었던 시기에 포털을 장식한 기사가 떠올랐을 것이다. 활동보조 선생님과 함께 사찰에 갔던 지적장애 아이가 근처 계곡에서 사망한 채 발견되었다는 뉴스, 우리 아이를 찾는 시간 동안 오만가지 나쁜 상상들이 떠올랐을 것이다. 나는 그녀에게 마음을 추스를 수 있는 시간을 드렸다.

나도 아이를 애타게 찾는 그 짧은 시간, 얼마 전 포털에서 본 기사가 자꾸 생각났다. 부정적인 생각은 사람을 좀 먹고 잠식해 간다. 처음 실종되었던 날, 나는 어떤 확신을 가지고 상황에 대처했다. 그러나 이번엔 그렇지 못했다. 실종 소식을 듣고 선 지난번처럼 빨리 찾을 수 없을 거라는 불안감이 강하게 들었다. '행운의 여신이 이번에도 우리를 도와줄까? 이번에는 아이를 찾는 데 시간이 오래 걸리지 않을까?' 하지만 이번에도 여신은 우리를 도와주었다. '다시 잃어버릴 일은 더 이상 없겠지?'라는 오만한 생각도 들었다. 그날의 실종은 그저 큰 사건의 전초전일 뿐이었다.

3월이 시작됐다. 개학 후 이틀째. 정상발달하는 둘째도 전날 무사히 입학식을 치렀다. 입학식 날 받아온 준비물 목록을 보며 같이 가방을 정리했다. 색연필 하나하나에 이름 스티커를 붙였는데 초등학생이 두 명이나 되니 작업량도 두 배로 늘었다. 신입생인데도 방과후 활동이 입학 날부터 시작된다는 문자가 왔다. 점심을 먹인 후 둘째를 학교에 데려다줬다. 첫째도 방과후 활동을 하면 얼마나 좋을까. 그 정도로 발달이 올라오는 한 해가 됐으면 좋겠다고 생각하며 학교를 나왔다.

그렇게 바쁜 개학 첫날이 지나 다음 날 아이들을 모두 학교에 보낸 뒤, 집 청소를 부지런히 끝낸 날이었다. 주말에 쌓인 빨래를 돌리고 밀린 문서들을 처리하며 급한 마음을 달래고 있었다.

그때 딩동 하고 알림장이 도착했다. 새로 준비해 가야할 것이 있나 내용을 확인하는데 3월 자로 새로 바뀐 특수반 선생님에게 전화가 왔다. 준비물 같은 것을 공지하려고 연락하셨나 싶어서 받아보니 다급하게 말씀하신다.

"지난번에 아이가 없어지면 5분 이내에 신고하라고 하셔서요. 아이가 학교에서 없어졌는데 교내에 있는지 밖으로 나갔는지 지금 모르겠어요. 없어진 지 5분 됐거든요. 신고하셔야 할 것 같아서요."

전화를 끊자마자 학교로 달려가며 남편에게 연락했다. 실종된 지 5분 지났고 교내에서 사라졌다는데 경찰에게 전화하는 것이 맞는지 판단이 서질 않았기 때문이다. 남편은 교내에서 찾을 수도 있으니 조금 기다리는 것이 좋겠다고 했다. 알았다고 하고 부지런히 걸어가는데 다시 특수반 선생님에게 전화가 걸려 왔다. 아이가 학교 정문 앞쪽에서 교통사고를 당했다는데 어디쯤 왔는지 물으셨다.

'아, 우려하던 상황이 벌어졌다.'

나는 선생님께 거의 다 와 간다고 말씀드리고 황급히 전화를 끊었다. 발걸음이 점점 빨라졌다. 남편에게 연락했다. 상황은 모르겠지만 교통사고가 났다 하는데 부상 정도를 확인하고 다시 연락해 주겠다고 했다.

아이가 교통사고를 당할까 항상 전전긍긍했는데 결국 사고가 터졌다. 그런데 특수반 선생님에게 다시 전화가 왔다. 사고가 난 뒤, 아이가 반대편 아파트 단지로 뛰어갔다고 한다. 그런데 아이가 보이지 않는다고 경찰에 신고했는지 물었다.

'맙소사. 이런 최악의 상황이 발생할 줄이야.'

전화를 끊자마자 경찰에 실종 신고를 했다. 신고를 마친 후, 부지런히 뛰어갔더니 건너편 단지로 급하게 선생님들이 올라가는 것이 보였다. 실종 사건이 벌어지면 보통 경찰이 신고자를 만나기 위해 학교 앞으로 온다. 그래서 나는 선생님들을 따라가지 않고 학교 앞으로 갔다.

학교 정문에 다다르기 전에 모르는 번호로 전화가 걸려 왔다. 받아보니 경찰이었다. 오늘 아침에 아이 사진을 찍은 것이 있으면 보내달라고 했다. 전송하고 있는데 모르는 사람이 내게 말을 건네며 손가락으로 단지 쪽을 가리켰다.

"아이가 저쪽으로 갔어요. 선생님들이 아이를 찾으러 갔어요."

그때 경찰차가 내 앞에서 멈춰 섰다. 차에서 경찰관이 내렸다. 나에게 아이가 저쪽으로 갔다고 말씀하신 분이 나와 경찰관을 향해 자신이 신고했다고 말했다.

'이건 또 무슨 소리일까?'

점점 상황이 복잡해져갔다. 일단 나는 경찰관에게 방금 아이가 실종됐다고 연락했고, 통화도 마쳤다고 설명했다. 오늘 아침에 찍은 사진을 보냈다고 덧붙였다. 나는 한시라도 빨리 아이를 찾아야 할 것 같아 경찰관에게 아이를 찾으러 가겠다고 말했다.

그리고 아이가 사라졌다고 말한 아파트 단지 정문을 향해 아이의 이름을 부르며 달렸다.

평소에 아이가 좋아하던 아이스크림 가게에 갔나 살펴보았다. 없었다. 그 옆에 옛날 통닭 가게에 갔나 살펴보았다. 역시 없었다. 아이가 좋아하는 음식들인데 여기에도 오지 않았다. 이제 어디로 가서 아이를 찾아야 하는지 막막했다. 큰 소리로 아이 이름을 불렀다. 그런데 이게 무슨 일인가. 아이가 나를 향해 걸어온다. 안도도 잠시 아이가 또 달아나 버릴까 차분한 목소리로 아이를 불렀다.

"엄마야, 이리와 괜찮아."

내 앞으로 온 아이를 힘껏 안아줬다. 나는 안았던 팔을 풀고 아이가 다친 곳이 없는지 살펴보았다. 특별한 외상은 없어 보였다. 하지만 차에 부딪쳤다고 했으니 가벼운 뇌진탕이 왔을 수도 있었을 거란 생각이 들었다. 바로 아이에게 자리에서 콩콩 뛰어보라고 말했다. 아이는 곧잘 내 말에 따라 뛰었다. 구토를 하려고 하거나 어지러워하는 증상은 보이지 않았다. 그제야 온 아파트 단지를 찾고 있을 선생님이 생각났다. 바로 전화를 드린 후, 아이의 손을 잡고 경찰이 있는 정문 앞으로 갔다.

정문에 도착하니 경찰은 사고 차량에서 블랙박스 등을 확인하고 있었다. 머리가 백지상태였다. 멍한 표정의 나를 보더니 경찰관은 바로 병원에 가보라고 했다. 남편에게 전화했다. 아이를 찾았다고 교통사고가 났다고 하는데 일단은 다친 데도 없어 보이고 지난번처럼 어지러워하는 것 같지 않다는 대략의 상황을 설명했다. 남편은 빨리 병원으로 가보라고 했다. 그때야 정신이 조금 돌아왔다. 정신이 돌아오자 사고 차량도 운전자도 눈에 보이기 시작했다. 그리고 나는 습관적으로 운전자에게 사과했다.

"저희 아이가 발달장애가 있어서요. 도로로 뛰어나간 거 같아요. 너무 죄송합니다."

고개를 숙이며 늘 하던 래퍼토리대로 '우리 아이는 장애가 있어요'로 시작해 '죄송합니다'로 끝나는 닳고 닳은 그 말을 운전자에게 내뱉었다. 왜 사고가 났는지는 알기도 전에 '죄송합니다'가 튀어나왔다. 우리 아이와 관련된 일에는 늘 내가 죄인이었고, 발달장애가 있으니 사고가 나도 봐달라는 애처로운 변명만 늘어놨다.

병원을 가봐야 한다는 생각에 차량 운전자에게 어떻게 부딪쳤는지 물었다. 아이가 설명을 못하니 당시 상황을 설명해 줄 수 있는 사람은 운전자뿐이었다.

"쿵! 했어요"

어느 세기로 부딪쳤는지, 아이가 부딪치고 나서 넘어졌는지, 날아갔는지 물었지만 운전자로부터 돌아오는 대답은 '쿵했다'는 말뿐이었다. 나는 운전자에게 대인접수를 부탁하고 아이의 손을 잡고 응급실로 향했다.

응급실에 갔더니 다행히 어린이 환자를 봐줄 의사 선생님이 있었다. 의료파업 때문에 의사 선생님이 없을 줄 알았는데 다행이라고 생각했던 것도 잠시, 자동차 사고 대인접수 신청이 다 되지 못했던 탓인지 진료 접수가 바로 되지 않았다. 보험회사에서 응급실 접수창구 팩스로 서류를 넣어주기 전까지 아이의 손을 잡고 대기실에서 한참을 기다려야 했다. 절차가 완료됐는지 우리를 부르는 소리가 들렸다. 나는 접수를 완료하고 진료를 보러 온 의사 선생님께 상황을 간략하게 설명했다.

"방금 교통사고를 당했어요. 차에 부딪쳤는데 아이가 발달장애가 있어서 어디가 아픈지 말로 표현을 못 해요"

의사 선생님은 아이에게 몇 가지 질문을 건네고 내게 엑스레이를 찍어볼 것을 권했다.

"크게 문제는 없어 보이는데, 엑스레이는 찍어 보시는 게 좋을 거 같아요"

다행히 아이는 크게 거부하거나 울며 떼를 쓰거나 하지 않았다. 두 번째라고 엑스레이 촬영도 곧잘 해냈다. 잠시 후 사진을 보시곤 의사 선생님은 우리에게 퇴원해도 좋다고 말해주었다.

"퇴원해도 될 것 같습니다. 뼈가 부러지거나 하진 않았는데, 내장 출혈은 바로 안 보일 수 있으니 돌아가셔서 하루 이틀 유심히 아이를 관찰하고 이상 있으시면 바로 병원으로 오세요."

몇 가지 주의사항을 듣고 아이의 손을 잡고 응급실을 나섰다.

저 멀리서 남편이 헐레벌떡 뛰어오고 있었다. 잠자코 있던 아이가 반가운 얼굴을 보자 소리를 쳤다.

"아.이.스.크.림"

아이만큼이나 나 또한 남편을 보자 긴장이 풀렸다. 긴장감이 빠진 자리엔 자책들이 몰려왔다. 아이가 실종되고 발견하고 사고차량 운전자를 만나 사과하고, 병원에 오는 그 모든 과정에서 내가 했던 행동들이 떠올랐다. 자세한 상황을 알지 못하는 남편이 사고 난 경위를 내게 자세히 묻고 이에 내가 답하면서 나의 자책감은 더더욱 커져만 갔다.

먼저 학교에 있어야 할 아이가 왜 학교 밖을 나갔는지 설명이 되지 않았다. 무엇보다 사고 난 경위도 '쿵' 말고 아는 게 없었다. 답답했던 남편은 차량 운전자에게 전화를 걸었다.

"아이와 부딪칠 때 시속 몇이었습니까?···아니 시속 몇 킬로였냐고요"

남편은 차량 운전자에게 주행속도를 물어봤다. 그러고는 불같이 화를 내며 전화를 끊었다. 차량 운전자가 남편에게 뭐라고 답했는지 답답했다. 그러자 남편이 거두절미하고 차량 운전자의 말을 내게 전했다.

"자기가 피해자래"

아니 차에 부딪친 건 우리 아이인데, 이건 무슨 소리일까 순간 내가 무슨 헛소리를 들은 걸까. 내가 사과한걸 가지고 피해자라

고 진짜로 착각하나 싶었다. 멍하니 남편을 쳐다보았다. 자신들
이 피해자라면 우리 아이가 가해자라는 것인가? 아이가 횡단보
도가 아닌 길목을 건넜다는 말인가? 아무리 그래도 그게 가해자
가 되는 이유가 되나? 그리고 거긴 학교 앞인데, 스쿨존인데 왜
우리 아이가 가해자가 되고 자신들이 피해자가 되는 것일까? 내
상식으로는 그들의 주장을 도무지 이해할 수 없었다.

그 날밤, 아이는 여러 번 깼고 엎드린 채 웅크리고 있었다. 나
중에 알게 됐는데 언어로 소통할 수 없는 어린아이들이 교통사
고 직후 보이는 행동이라고 한다. 아이는 크게 다친 곳은 없었지
만, 한동안 수면장애가 와서 새벽마다 깼다. 그리고 무척 괴로워
했다. 그 수면장애를 동반한 괴로움은 약 3주간 계속됐다.

아직도 그날, 무슨 일이 벌어진 것인지 모르겠다.

경찰조사,
말로 설명할 수 없으면?

　교통사고가 나고 며칠이 지났는데도 운전자는 아이의 상태가 어떤지 묻지 않았다. 곧 경찰에서 연락이 올 것이니 당시 상황이 어떠했는지 파악해 보자며 남편과 기다리고 있었다. 그러나 2주가 지나도록 경찰서에서 연락이 오지 않았다. 도무지 사고 상황에 대해 알 수 없어서 발을 동동 구르고 있는데 당시 사고 상황을 목격한 교통안전 도우미가 있다는 얘기를 들었다. 그래서 다행히 그날의 이야기를 상세히 들을 수 있었다.

　당시 상황을 듣고 나는 아이를 믿어주지 못했다는 죄책감에 시달렸다. 아이는 정확하게 횡단보도로 길을 건넜다는 얘기에 드디어 사고 발생 지점도 알 수 있게 됐다. 경찰의 연락을 무작정 기다릴 수 없다는 판단하에 당시 사고를 접수했던 파출소에 연락했다.

어라? 사고접수가 안 돼 있었다. 이게 무슨 소리일까. 내가 현장에서 운전자에게 보험접수를 해달라고 했는데, 운전자가 접수해준다고 해서 파출소에서는 종결처리를 했다고 설명했다. 당연히 사고접수가 됐을 줄 알았는데 황당했다. 앞으로는 그런 일이 없어야겠지만 사고가 나면 반드시 경찰에게 접수해달라고 한후, 현장을 떠나라고 조언하고 싶다.

남편은 내가 경황이 없어서 경찰서에 가서 헤맬까 봐 사고 발생 과정 등을 정리한 교통사고 접수 신청서를 건네줬다. 그것을 들고 손을 벌벌 떨면서 경찰서에 갔다. 아이를 지켜주지 못했다는 감정이 계속해서 나를 괴롭혔다.

교통조사팀이 있는 곳으로 가 상황을 설명하니 경찰관이 운전자에게 바로 연락했고 블랙박스 영상을 확인해 주었다. 영상을 보고 드디어 아이의 몸이 어떠한 강도로 차에 부딪혔는지 확인할 수 있었다. 오른쪽 옆구리에 충격이 있고 바닥으로 뚝 떨어진 아이를 보았다. 사고 난 날 나는 기껏 아이를 응급실로 데려간 뒤 엉뚱한 곳을 엑스레이로 찍었던 것이다. 분통이 터졌다. 아이를 데리고 다시 병원으로 향했다.

예전엔 엑스레이 촬영도 거부했던 아이가 이제는 익숙해졌는지 가만히 누워서 촬영했는데 그 모습을 보니 더 속상했다. 다행히 문제가 있는 곳은 발견되지 않았다. 하지만 엑스레이론 근육

통을 잡아낼 수 없으니 답답한 건 매한가지였다. 더욱이 아이가 3주 가까이 웅크린 채로 엎드려 잠을 청했고 이마저도 새벽에 깨기 일 수였다. 어디가 아프냐고 물어도 아이는 구체적인 위치를 짚어내지 못한 채 '아파요'만 말했다.

다시 경찰서로 돌아가서 얘기해보자면 처음엔 사고접수를 안 해주려고 했다. 기소도 안 될 것 같은 상황인데 접수해봤자 무혐의로 종결될 것 같다는 것이었다. 그런가 싶어 적어간 종이를 들었다 놨다 하는 나와는 달리 남편은 매우 강경했다. 그리고 다음 날, 남편은 고소장을 들고 경찰서로 갔다. 사건은 그렇게 접수됐다. 사실, 접수만 됐지 무혐의로 종결되지 않을까, 우리 아이의 교통사고는 흐지부지 끝나지 않을까 부정적인 전망이 지배적이었다. 그런데 반전이 일어났다. 관련 CCTV를 열람해 분석한 결과 운전자에게 문제가 있었다는 의견서가 나왔다. 그때부터 사건 진행은 물살을 타기 시작했다.

경찰에서 사고 당시 방문했던 병원과 그 이후에 진료 받은 기록을 모두 제출해 달라는 연락이 왔다. 나는 대학병원 응급실과 병원 두 곳을 돌며 진료 받은 기록을 발급받아 제출했다. 서류가 충분하지 않았는지 경찰은 내게 진단서 제출을 추가로 요청했다. 한숨이 나왔다. 일반인이라면 진단서를 받는 게 어렵지 않겠으나 느린 아이의 경우 진단조차도 어려운 환자다. 아파도 어디가 얼마나 아픈지 말로 표현을 못하는데 진단서를 쉽게 발급해

줄까. 예상은 적중했다.

아이를 진찰했던 병원의 의사는 진단서가 꼭 필요하냐며 되물었다. 교통사고 때문에 꼭 필요하다고 말씀드렸다. 그러자 의사는 진단서 대신 소견서를 써주겠다고 했다. 그마저도 썩 내키지 않아 했다. 그래도 아이의 고통을 조금이라도 증명할 수 있다면 소견서라도 받아야만 했다. 그런데 이어진 의사의 한마디에 억장이 무너졌다.

"아이가 크게 안 다쳤으면 고마워하세요."

아이가 교통사고로 3주간 잠도 못 자고 끙끙대고 있는데 고마워하라니, 화가 났다. 대거리를 하고 싶었지만 아무 말도 하지 않았다. 소견서마저 써주지 않을까 봐, 그러면 경찰에 제출할 것이 없으니 꾹 참았다. 참아야만 했다. 그렇게 소견서를 받아 왔다.

그 사이에 남편과 아이는 경찰서에 가 진술서를 작성하고 왔다. 아이가 상황을 말하지 못하기에 남편이 진술해 줬다. 남편은 이 사건이 우리 아이만의 문제가 아니라 언어로 사고 상황을 표현하지 못하는 모든 발달장애 아이의 문제가 될 수도 있기에 꼭 기록으로 남겨야겠다는 말도 하고 왔다고 했다.

며칠 뒤, 경찰에서 다시 연락이 왔다. 진단서가 필요한데 소견서밖에 안 되냐고 물었다. 나는 의사가 진단서를 발급해 주지 않는다고 말했다.

소견서만은 정말 부족했는지 아이의 교통사고를 담당하는 경찰은 해당 병원에 문의를 넣었다. 자신의 상황을 말로 표현하지 못하는 아이의 경우 진단서 발급이 불가하냐는 내용이었다. 병원은 경찰의 문의에 진단서 발급이 가능하다고 답변했다. 분명 나에게는 불가하다고 했는데, 경찰이 문의하자 진단서 발급이 불가능하지도 않고, 내게도 그런 말 한 적 없다고 답했다고 한다. 어이가 없었다. 나는 다시 병원으로 향했다. 진단서를 다시 받기 위해서였다. 이번에는 무섭게 생긴 남편과 함께 갔다.

병원 창구에서는 재차 '원장님은 그런 말 한 적 없다'를 반복했다. 화가 났다. 그런 모욕적인 말까지 내게 해놓고 당연히 발급해 줘야 하는 진단서를 발급해 주지 않은 것을 병원은 나의 책임으로 몰았다. 아이가 크게 다치지 않은 걸 감사하라고 말하며 진단서 대신 소견서를 써준 의사는 그날 코빼기도 보이지 않았다.

부들부들 떨며 진단서 겨우 한 장 손에 넣었다. 이제는 끝이겠지 싶은 순간 검찰에서 연락이 왔다. 그리고 며칠 뒤 집으로 보완수사요구 통지서가 날라왔다. 곧바로 경찰은 보완수사요청에 따라 추가 서류가 필요하다고 내게 연락했다.

"교통사고 이후 외상 후 스트레스 장애로 처벌받은 판례가 있는데 혹시 아이도 이와 관련한 자료를 낼 수 있을까요?"

다행히, 교통사고 다음 날 정신과에 가서 약을 처방받아 먹은 것이 기억났다. 나는 가능하다고 답하고 병원으로 달려갔다. 정신과 진료를 본 병원은 교통사고 진단서 발급은 불가능하지만,

처방받은 내용을 바탕으로 소견서는 써줄 수 있다고 했다. 이 소견서가 마지막 서류가 되기를 간절히 빌며 경찰서에 서류를 제출하고 왔다. 담당 경찰관은 번거롭게 해드려서 죄송하다고 했는데 원래 일 처리라는 것이 오래 걸리는 걸 알고 있다고 힘없이 웃으며 말했다. 그래도 인간에 대한 존경과 존중이 넘치는 경찰관을 만나 나는 참 행운이었던 것 같다. 그렇지 않았다면 우리 사건은 해결되지 않았을 것이고 나는 더 많은 상처를 입었을 것이다.

사고 발생 4달 만에 구약식 결정됐다는 통보를 받았다. 통보 이후, 판결 결과가 바로 오지 않는 걸 보니 상대측에서 정식재판을 청구한 것이 아닌가 싶다.

아이의 교통사고는 사실 양 측이 원만히 합의하고 또 요청한 사실관계만 잘 정리했다면 이렇게까지 커지지 않았을 사고였다. 하지만 이 사고는 사건이 되었다. 차량 운전자가 자신을 '피해자'라고 주장하면서부터였다. 우리는 우리 아이가 가해자가 아님을 증명하기 위해 사건을 접수해야만 했다. 차에 치이고도 당시의 상황을 말로 설명하지 못하는 많은 발달장애 아이들이 우리와 같은 억울한 상황에 처해지지 않기를 바라는 마음에, 우리의 유난스러움이 누군가에게는 좋은 선례가 되길 바라는 마음에 강경하게 나서게 됐다. 아마 우리가 사건 접수를 하지 않았더라면 그날 차량 운전자는 영원히 피해자가 되었을 것이고 나는 끝까지 발달장애 아동을 두었기에 죄송해야만 하는 부모가 되었을 것이다.

나는 관리 감독을 제대로 하지 못해 사고가 일어나게 만든 학교 측에도 화가 많이 났다. 경황이 없을 때 자신이 피해자라고 했던 운전자에게도 화가 많이 났다. 아이의 치료를 위해 황급히 현장을 떠났을 때 사고접수 처리를 제대로 안 해준 교직원과 경찰에게도 서운함을 느꼈다. 사고 이후에 모든 걸 아이 탓으로 넘기려고 했던 학교 관리자에게도 분노를 느꼈다. 단지 아이가 제대로 설명을 못한다고 진단서 발급을 거부한 의사에게도 화가 났다. 문제는 이러한 상황에서 가장 피해를 본 것은 우리 아이라는 것이다. 아주 사소한 무관심과 지나침, 거부들이 쌓여 정작 더 많이 도와줘야 할 발달장애 아이가 모든 순위에서 밀려버렸다. 그렇기에 우리 부부는 많이 지쳤지만 끝까지 이 일을 기록으로 남기기 위해 뛰어다녔다. 앞으로 우리 아이와 같은 사례가 있다면 우리의 기록이 꼭 도움이 되길 바란다.

제4장

전 생애를
함께 하는 가족

전 생애를
함께 하는 가족

　　마음을 굳게 먹었으나 신생아를 돌보는 것은 역시 고될 것이 뻔했다. 어떻게 하면 효율적으로 잘 수 있을지 매일매일 고민했다. 그런 나를 바라보며 남편은 마지막 산후조리일 테니 조리원에서 한 달 있다가 나오는 것이 좋을 것 같다고 했다. 그렇게 나는 출산 후 조리원으로 들어갔고 첫째와 둘째는 친정에서 한 달 동안 머무르게 됐다.

　　조리원에서 돌아온 후 문제가 생겼다. 아이가 도무지 우리 집으로 돌아오지 않았다. 내가 조리원에 있는 동안 외할머니 집에서 한 달을 보낸 뒤, 집으로 돌아오는 것을 거부하기 시작했다. 첫째는 특히나 동생이 우는 소리를 싫어했다. 또, 새로운 가족이 생겼다는 것 자체도 싫은 듯 보였다.

할머니 집에서 초등학교 1학년 초까지 살던 기억이 살아난 걸까. 일 년 동안 겨우 자리 잡았다 싶었는데 한 달의 시간 동안 무슨 일이 있던 것인지 아이는 쉽게 집으로 돌아오지 않았다. 나는 수면 부족과 내 몸 회복하기에도 벅찼는데 아이까지 애를 먹이니 스트레스가 이만저만이 아니었다.

아이는 집에 오지 않음과 동시에 미용실 거부도 시작했다. 주말에 길가에서 실랑이하며 겨우 미용실에 도착했건만 미용사를 보고 드러누워서 발길질하는 바람에 집으로 돌아왔다. 몸도 마음도 만신창이었다. 그저 내년에 새로운 봄이 오면 이 생활도 끝나지 않을까 기대해 볼 수밖에 없었다.

그때 남편이 말했다. 10월에 긴 연휴가 있는데 미리 표를 사고 숙소를 잡아서 여행을 가자고 말이다. 느린 아이와 국내 여행은 가봤지만, 해외는 못 나가봐서 걱정됐다.

아이가 잘할 수 있을까?

해외여행,
성장한다는 것의 의미

시간은 쏜살같이 흘러 드디어 가을의 초입에 들어섰다. 우리 가족은 10월 긴 연휴에 일본으로 여행을 가기로 했다. 그해 봄에 미리 표를 사고 숙소를 잡아 놓았었다. 그만큼 준비할 시간은 넉넉했지만, 비행기를 처음 타는 아이가 걱정됐다. 소리를 꽥꽥 질러서 승무원이 내리라고 하진 않을지 아니면 자리에 앉지 않겠다고 소란을 피우진 않을지 모든 것이 걱정이었다.

인터넷 카페에 도움을 청했는데 유튜브로 비행기 소리를 미리 들려주거나, 공항에 여러 번 미리 가보거나 기타 등등의 조언이 올라왔다. 그러나 출국이 코 앞이어서 할 수 있는 것이 많지 않았다. 내가 준비한 것이라고는 어린이 멀미약이 다였다. 멀미약을 먹으면 졸음이 오니까 비행기에서 잘 수 있겠다고 생각했다.

우리는 서둘러 김포 공항에 도착했다. 긴 연휴에 사람이 많을 것이라고 예상했고 아이들 걸음이 느려 시간이 오래 걸릴 줄 알았다. 대기를 싫어하는 아이가 걱정됐다. 그런데 아니었다. 출국 수속은 번개처럼 빨랐다. 아이는 탑승수속도 웬걸? 잘 수행했다. 아빠 스마트폰으로 사진을 찍어가며 신난 표정을 지었다. 아이가 여행 가는 것을 아는지 모르는지 사실 알 수 없었다. 열심히 설명은 했는데 알고 있는 걸까? 비행기 탑승 시각이 되어 멀미약을 먹인 뒤, 아빠랑 화장실에 갔다 오라고 했다.

화장실에서 돌아오자마자 복지카드를 이용해 줄을 서지 않고 들어갔다. 아무래도 걱정이 돼서 앞쪽 좌석을 미리 사두었는데 그러길 잘했다. 앞에서 두 번째 줄에 있어서 타고 내릴 때 크게 불편하지 않았기 때문이다. 돈 아끼는 남편이 알면 놀랄 테지만 나로서는 최선이었다.

육중한 기계음을 내며 비행기가 이륙했다. 큰 소리와 빠른 속도에 놀랄까 봐 걱정했는데 아니었다. 아이는 아주 얌전하게 있었다. 바리바리 싸 들고 갔던 색연필과 종이는 거들떠보지도 않고 창문 너머로 구름을 보느라 정신이 없었다. 창가 자리에 여동생이 앉아 있었는데 부러워하는 표정을 지었다. 아이의 최애템인 색종이보다 창문 너머 구름이 더 좋았던 모양이다.

2시간 후 일본 간사이 공항에 도착했다. 걱정했던 소란은 없었다. 하지만 입국장에서는 몇 번의 위기가 찾아왔다. 생각보다 줄이 길었고 입국 수속을 기다리며 지친 모습이 역력했다. 아이는 두 번 냅다 소리를 질렀는데 그때마다 순식간에 입국장이 조용해지며 우리에게 시선이 쏠렸다. 나는 아이의 등을 쓸어내리며 잘할 수 있다고 곧 나갈 거라고 얘기해줬다. 비행시간보다 더 난이도가 높았던 입국 수속을 무사히 마치고 비로소 우리는 일본에 도착했다.

공항에 도착해서 교토로 이동하기 위해 기차를 타러 나왔다. 한국에서 미리 티켓팅을 해서 키오스크로 표를 받기로 했기에 큰 걱정이 없었는데 이거 웬걸. 하필 키오스크가 고장이 나 있었다. 표를 받는 줄을 보니 너무 길었다. 남편이 줄을 서기로 했지만 역시나 기다리는 것을 싫어하는 남편은 조금 서 있다가 기다리기를 포기하고 우리가 있는 쪽으로 왔다. 머쓱하게 밥부터 먹자고 말했다. 마침 점심시간도 되었고 해서 우린 일단 밥을 먹기로 했다.

둘째는 우동을 좋아했는데 마침 자리를 잡은 곳 앞에 우동집이 있었다. 남편이 우동을 잔뜩 사 왔다.

'어익후야'

쟁반 가득 우동만 있는 것을 확인한 아이는 실망하는 표정을 잔뜩 지었다. 자리에 앉자마자 돈가스를 외쳤는데 줄줄이 우동만 들어오니 어찌나 슬플까. 실망했다고 굴하는 아이가 아니었다. 남편이 의자에 앉기도 전에 자신의 의사를 명확히 소리쳐 표현했다.

"돈.가.스.돈.가.스"

쟁반을 놓자마자 남편은 다시 푸드코트로 향해갔다. 잠시 후 아빠가 들고 있는 쟁반에 돈가스가 보이자, 아이가 신이 났다. 첫 끼를 잘 먹고 교토로 갈 방법을 궁리했다. 버스로 가자니 멀미가 심한 둘째가 걱정됐다. 그때 남편이 줄을 다시 서보겠다고 했다. 남편이 재빨리 밥을 먹고 표를 사러 간 사이에 우리는 식사를 천천히 마무리했다.

밥을 잘 먹던 첫째가 갑자기 화장실에 가고 싶다고 했다. 첫째는 남자여서 내가 데리고 들어갈 수 없는데 소변기에 금방 일을 보고 나오겠지 하는 마음으로 트렁크 두 개를 끌고 첫째와 둘째 손을 잡는 진귀한 광경을 펼치며 화장실 앞으로 갔다. 첫째가 뛰어 들어간 지 10분쯤 됐을 때 소리가 들려왔다. 첫째가 신경질을 내는 목소리가 들렸다. 소리는 점점 커졌고 남편은 표를 사러 갔고, 지금이라도 내가 남자 화장실이라도 들어가야 하나 갈팡질팡하던 때였다.

그때 일본인 한 명이 나오면서 일본어로 남자 어린이가 화장실 칸에 갇힌 것 같다고 친구에게 이야기하며 지나갔다.

'아뿔싸! 한국이랑 문 여는 방식이 달라서 아이가 당황했나 보다!'

나는 공항 직원에게 도움을 청하려고 뒤를 돌았는데 남편이 왔다. 얼른 들어가 보라고 했더니 남편이 아이를 부르며 화장실 안으로 들어갔다. 남편은 아이에게 문을 여는 법을 설명해 줬다. 아이가 문을 열고 드디어 나왔다. 그때부터 아이는 긴장을 바짝 한 것 같았다.

말을 거의 안 하는 아이였는데 여행 중에 애가 이런 얘기도 우리에게 하는구나 싶을 정도로 첫째는 말을 많이 했다. "아빠, 오렌지 주스 사주세요."라거나 "그만 먹어요"라거나 처음 듣는 말을 많이 했다. 낯선 곳에서 살아남기 위해서는 자신이 매우 노력해야 한다는 것을 알게 된 것 같았다. 인내심의 한계가 왔을 땐 나가자고 졸라대기도 했으나 정말 잘했다.

온천을 좋아하는 첫째는 노천탕이 많은 일본 온천을 경험하며 매우 즐거워했다. 조식으로는 자기가 좋아하는 생선구이에 밥만 먹었고 밖에 나가서는 고장 난 카세트 테이프처럼 돈가스만 외쳐댔다. 돈가스가 없는 식당에 들어가면 고기를 시켜줬는데 다행히도 잘 먹었다. 숙소에서도 푹 잘 잤다. 위치추적기를 달고 갔는데 첫날에 너무 잘 따라다녀서 꺼버렸다. 그렇게 좋아하는 돈가스를 4일 내내 잔뜩 먹고는 귀국 비행기에 올랐다. 이번엔 창가 자리에 앉혀봤더니 구름을 보느라고 정신이 없다. 어느 순간 쿵~ 쿵~ 소리가 나서보니 구름을 보다가 잠이 들어 아이의 머리가 창가에 닿는 소리였다. 목베개를 해주었더니 푹 자고 일어나서 또 구름을 봤다.

그렇게 한국으로 돌아왔다. 아파트 단지에 도착해 주차장에 차를 댔다. 오늘은 우리 집으로 오지 않을까 했는데 역시나 할머니 집으로 냅다 뛰어갔다. 여행에서 친해져서 우리 집으로 올 줄 알았는데 할머니 집을 보자마자 가버렸다. 아직은 우리보다 할머니가 좋은가 보다.

여행을 갔다 온 후, 열흘이 흘렀다. 가족끼리 도고온천에 놀러 갔다가 돌아오는 길이었다. 첫째는 원래 대답을 잘 하지 않았는데 갑자기 말이 트인 아이처럼 답하기 시작했다.

"엄마 집에도 한번 놀러 와야 해. 알았지?"

"네!"

"그럼, 오늘 엄마 집에 가볼래?"

"싫어요!"

"그럼, 너 어디 갈 건데?"

"할머니 집 가요!"

너무 대답을 잘해서 나는 놀란 채로 아이 어깨를 잡고 물었다.

"누구야 너!"

"OOO입니다."

그 소리에 남편과 나는 깔깔대고 웃었다. 그 대화를 할 때는 저녁 시간이 지난 지 한창 됐을 때였는데 아이가 갑자기 말했다. "밥!" 그래서 대꾸했다.

"이럴 땐 배고파요~ 해야지. 따라 해봐. 배.고.파.요!"

"배.고.파.요"

"뭐 먹고 싶어?"

"돈가스!"

아이와 이렇게 주거니 받거니, 대화해본 것은 처음이었다. 핑퐁 대화를 해도 왔다 갔다 왔다 갔다가 최대였던 것 같은데 꽤 주고받았다. 여행이 도움이 된다는 얘기를 그동안은 이해를 못 했다. 그런데 이제 알 것 같다. 여행을 가면 낯선 환경에서 아이가 최대한의 능력을 발휘한다.

그런데 국내 여행에선 자주 실패했었다. 숙소에서도 자지 않겠다고 불을 계속해서 켜서 아빠한테 혼나며 겨우 잠들었고 고깃집이라도 가면 불이 뜨거워 그런지 밖에 나가자고 난리였었다. 그런데 아이가 달라졌다. 온천을 하고 근처에서 장어를 먹었는데 숯불이 나와도 맛있게 장어를 먹었다. 아! 더 놀라운 것은 장어를 먹었다는 것이다. 장어를 잘 안 먹었는데 맛있게 먹었다. 돈가스가 없는 집에서는 다른 음식을 먹어야 한다는 걸 알게 된 것일까?

아이를 자주 데리고 나가라는 말은 많이 들었지만 왜 데리고 나가야 하는지는 그 누구도 얘기해준 적이 없었다. 혹시 여행이 아이를 성장시킨다는 것의 의미가 이런 것이라면 더욱 자주 나가야겠다는 생각이 든다.

동반낙인,
비장애 형제자매는 괴로워

아이의 담임 선생님과 상담을 한 후, 돌봄교실에 들렀다. 둘째가 체험학습을 쓰게 됐는데 선생님께 결석 이야기를 아직 하지 않아 이야기도 나눌 겸 겸사겸사 들렀다. 둘째의 돌봄교실 선생님은 작년까지 아이의 돌봄을 맡아주시기도 했지만 얼굴을 직접 뵙고 인사드리는 것은 처음이었다. 선생님은 반갑게 나를 맞아 주셨다. 돌봄교실 선생님은 아이가 수업에 잘 적응하고 있는지, 무엇을 챙겨주면 좋을지 등에 관한 화제를 자연스럽게 꺼내 주셨다.

"어머님, 둘째는 정말 잘하고 있어요. 애들도 얼마나 잘 챙기는데요, 걱정하지 마세요. 그런데 첫째는 잘 지내고 있나요?

첫째의 소식도 물어보셨다. 나는 학기 초 학교에서 실종됐다가 교통사고가 났던 것을 묻는 줄 알고 답했다.

"사고 난건 크게 안 다치기도 했고 아이도 많이 진정됐어요."

그랬더니 정말 의외의 답이 돌아왔다.

"어머님, 그때 둘째가 오빠가 실종됐다는 소식을 어디선가 들었는지 돌봄 수업 중에 많이 울었어요. 금방 찾을 거라고 달래줬는데, 둘째가 오빠 때문에 많이 힘들다고 말하더라고요."

처음 듣는 이야기에 적잖게 놀랐다. 나한테는 그런 내색이 전혀 없었기 때문이다. 오히려 첫째를 잃어버렸던 날에는 언니 오빠들이 '빡빡이가 사라졌대!'라고 떠들면서 찾으러 갔다고 깔깔대며 웃기만 했다. 당시 첫째는 짱구처럼 머리를 짧게 민 상태여서 '빡빡이라는 별명이 생겼구나' 하고 그저 웃고 넘겼었다. 그런데 둘째가 울었다니 예상치 못한 전개였다. 학교에서는 오빠를 걱정하면서도 집에서는 엄마에게 부담을 주지 않으려고 웃고만 있었다니 언제 이렇게 컸나 싶고 그 마음을 알아주지 못해 미안했다.

사실, 이런 비슷한 이야기는 유치원 때도 들었다. 둘째는 병설 유치원에 다니면서 오빠와 같은 급식실에서 밥을 먹게 됐다. 첫째는 가끔 소리를 지르거나 짜증을 냈는데 둘째는 그때마다 어쩔 줄 몰랐나보다. 어설프게나마 친구들에게 오빠가 왜 소리를 질렀는지 설명했고, 미안하다고 말했다고 한다. 이건 전적으로 내 탓이다. 아이를 데리고 돌아다니면서 첫째가 문제행동을 할 때마다 타인에게 사과를 했다.

둘째의 유치원 담임 선생님은 첫째와 둘째가 초등학교를 분리해서 다니는 것이 좋을 것 같다고 조언해 주셨다. 나도 선생님의 조언에 공감했다.

장애아동의 경우에는 「장애인 등에 대한 특수교육지원법」에 따라서 가장 가까운 학교 특수반에 배치받지만, 만약 자리가 없다면 조금 먼 학교에도 다닐 수가 있다. 하지만 둘째는 그렇지 않다. 주소지에 근거해 가장 가까운 학교에 배치받는다. 그렇다면 나에게 선택지는 2개다. 첫째를 다른 학교에 보내거나, 둘째를 위해 이사 가거나!

첫째를 타 학교로 보내는 것은 이사를 가지 않아도 되기에 효율적인 선택지다. 하지만 가고 싶다고 다 갈 수 있는 것도 아니다. 옮기려고 하는 곳에 자리가 있어야 가능하다. 좋다고 소문난 특수학급은 대부분 정원을 초과한 상태였다. 또, 새로운 곳에 적응시키는 것이 얼마나 오래 걸릴지 알 수가 없다. 지금 학교에도 적응하는 데 오랜 시간이 걸렸다. 모든 것이 패턴화되어 있는 기존의 일상생활들을 모두 다시 배우고 익숙해져야 한다. 그 과정에서 아이가 겪는 스트레스는 이루 말할 수 없다. 그래서 포기.

그렇다면 이사를 가는 방법이다. 주소지가 달라지면 둘째는 자연스럽게 오빠가 다니는 학교와 분리된다. 그러나 둘째도 둘째 나름의 생활이 있다. 동네친구, 학교 친구가 모두 이 동네에 있는 데 무턱대고 가기엔 망설여졌다. 또, 이사를 가서 첫째가 그 동네에 잘 적응할지도 미지수였다. 지금 사는 동네에는 첫째를 알고 있는 분들이 많아서 아이를 키우는 데 도움이 많이 됐기 때문이다.

형제자매 중에 장애인이 있다면 정상발달하는 형제자매는 가장 가까운 다른 학교에 장애 형제와 분리될 수 있도록 법이 개정되면 좋겠다. 악용될 소지가 있어서 허락을 안 하는 것 같지만 보완하면 될 것이라고 믿는다. 동생을 다른 학교에 보내기 위해 발달장애 아동이 익숙한 동네를 떠나기도 어렵고, 아이만 다른 학교로 전학 보내기도 쉽지 않다. 이러나저러나 발달이 느린 아이가 있다는 것은 너무 많은 고민을 안겨준다.

둘째의 시련은 비단 첫째와 같은 학교에 다니는 그 시간에만 국한된 것은 아닐 것이다. 아마 매 순간 힘들지 않았을까. 나는 아이들을 데리고 외출을 할 때마다 유독 긴장을 했다. 공공장소에서 아이가 문제를 일으킬까 봐 조마조마했다. 아무리 표정을 갈무리해도 그게 티가 나지 않았을 리가 없다. 어느 날 함께 외출한 둘째를 보니 나만큼이나 긴장해 있었다. 나와 비슷한 눈길로 제 오빠를 바라보고 있었고, 조금이라도 제 오빠가 돌발행동을 하면 언제든지 튀어 나갈 준비가 되어 있었다.

논문을 찾아보니 첫째의 돌발행동을 '도전 행동'이라고 지칭하는데 비장애 형제는 장애 형제가 '도전 행동'을 하면 당황스럽

고 수치심을 느끼며 타인의 반응에 분노하고 피해의식도 느낀다
고 한다. 특히 우리나라의 경우, 장애아의 '도전 행동'을 가족들
이 통제하지 못해서, 교육을 못 해서 그렇다는 인식이 팽배하기
때문에 비장애 형제가 느꼈을 고통은 상당했을 것이다.

한번은 급하게 출근해야 하는 일이 생겨 친정엄마에게 아이를
맡겨야 했다. 첫째와 둘째를 데리고 친정엄마가 사는 옆 동으로
갔다. 그런데 1층에 도착해보니 첫째의 신발 한 짝이 없었다. 엘
리베이터를 타고 할머니 집에 가는 것은 곧 잘하니깐 먼저 가라
고 말했다. 나는 온 길을 되돌아 가 아이의 신발을 찾아볼 생각이
었다. 우리 동 앞에 덩그러니 떨어져 있는 남색 운동화를 집어 들
고는 엄마가 사는 아파트 동으로 왔다. 그런데 둘째가 울고 있다.

"엘리베이터를 탔는데 오빠를 잃어버렸어."

엉엉 울며 둘째는 오빠를 잃어버린 상황을 내게 설명했다. 외
할머니 집이 4층인데 오빠가 5층에서 혼자 내려버렸다고 말했
다. 그래서 이미 외할머니 집에 도착하지 않을까 해서 4층에서
기다려도 오빠는 나타나지 않았다고 했다. 나는 혹시나 해서 엘
리베이터를 타고 5층으로 갔다. 아이는 없었다. 그런데 계단 쪽
에서 사람이 움직이는 소리가 났다. 4층과 5층을 연결하는 계단
으로 갔다. 거기에 아이가 우두커니 서 있었다.

그날 이후로 오빠에 대한 둘째의 스트레스는 극에 달했다. 오
빠를 또 잃어버릴지도 모른다는 공포 때문인지 어디를 가든 둘

째는 제 오빠를 따라다녔고 심지어 집안에서도 오빠에게 시선을 떼지 못했다. 둘째는 밖에 나가기만 하면 첫째가 어디 갈까 봐 첫째의 옷을 잡아당겼다.

"옷을 그렇게 잡아당기면, 늘어나. 엄마가 오빠 책임질 테니깐 옷 그만 당겨."

달래보아도 둘째의 고사리손은 오빠의 옷을 놓지 않았다. 이런 경험이 축적될수록 비장애 형제는 '동반 낙인'을 갖기 쉽다고 한다. 단순히 장애를 가진 형제를 남들보다 예민하게 주시하는 데서 문제가 그치지 않는다. 이런 작은 행동들이 쌓이고 쌓여 비장애 형제가 성인이 되었을 때 정신적인 문제를 동반할 수 있다고 한다. 이를 방지하기 위해서 내가 나서야 할 때가 온 것 같다.

둘째만 데리고 여행을 갔다. 목적지는 첫째의 건강을 위해 불공을 드리러 간 것이지만 둘째랑만 갔다. 모녀끼리 떠난 여행이었다. 절에 가서 기도하고 바다에 가서 조개를 주웠다. 그동안 첫째 때문에 메뉴 선택권에서 늘 밀렸던 둘째를 위해 밥부터 간식까지 모두 둘째가 먹고 싶다는 것들을 사줬다. 온천도 가고, 사고 싶다는 팔찌도 사줬다. 이번 여행에서 무엇을 타고 갈지, 어떤 숙소에서 묶을지, 무엇을 먹을지 전적으로 둘째가 원하는 대로 일정을 짰다.

집에 오면서 살펴보니 사진 속 둘째가 정말 환하게 웃고 있다. 너무 느린 오빠와 너무 어린 동생 사이에 껴서 본인도 심적으로 지쳤을 것이다. 모든 걱정과 긴장을 벗어버리고 오롯이 즐길 수 있는 여행이 둘째도 제법 마음에 들었던 모양이다.

가끔 발달장애 엄마들이 말한다. 결혼하기 전으로, 출산하기 전으로 돌아가고 싶다고. 우린 결혼해서 아이를 낳는 과정을 선택할 수 있는 어른이어서 그런 말이 나온다. 그런데 둘째는 아니었다. 둘째는 태어나보니 우리집 둘째가 되었고 오빠가 느렸다. 선택할 수 있는 것도 없다. 성인이 돼 독립해 오빠를 모른 척하며 사는 것이 아닌 이상, 언제나 오빠라는 존재가 마음 한편에 부담으로 남을 것이다. 그 짐을 아이에게 주지 않도록 내가 무엇을 해야 하나 걱정이 되는 밤이다.

우리 오빠는
조금 느릴 뿐이다

둘째가 어느 날 서럽게 울었다. 자기는 오빠랑도 대화를 못 하고 막내랑도 대화를 못 해서 속상하다는 게 이유였다. 꺼이꺼이 우는 둘째에게 나는 차분하게 말했다.

"오빠는 느릴 뿐이지 너랑 대화하기 싫은 게 아니고 막내는 아직 1살이어서 언어를 배우는 중이니까, 시간을 두고 기다려 보자."

오늘의 걱정이 얼마 후엔 별거 아닌 날이 올 거라고 둘째를 달랬다. 딸에게 한 말이지만 마치 나를 위로하는 말이었다.

다음 날, 도에서 운영하는 장애인가족지원센터에 전화했다. 혹시 비장애 형제 대상으로 운영하는 상담을 받을 수 있냐고 문의했다.

"혹시 소득이 어떻게 되실까요? 소득을 기준으로 상담을 진행하고 있어서요. 대상자가 아니더라도 사시는 곳 근처에 관련 상담을 진행하고 있는지 확인해 보고 연락드리겠습니다."

'아~ 친절한 담당자 선생님이다.'

그리곤 얼마 지나지 않아 집 근처 시에서 운영하는 장애인가족지원센터에 상담을 받을 수 있다는 연락을 받았다. 재빨리 전화를 걸어봤고 다음 주부터 아이를 데려오라는 답변을 받았다.

총 8회의 상담이 잡혔다. 둘째는 나에게 설명하지 못했던 학교에서의 고충을 상담 선생님에겐 술술 잘 풀어놓는 듯했다. 학기 초라서 그랬을까. 친구들과의 관계를 잘 맺지 못하는 것 때문에 스트레스가 이만저만이 아닌 모양이었다. 한껏 예민해진 상황에서 같은 학교에 다니는 오빠가 자신의 친구 관계를 악화시킬까 봐 걱정하고 있었다. 그래서 둘째는 전학 가고 싶다고, 오빠가 너무 창피하다고 말했다고 한다.

상담을 통해 평소 둘째가 엄마, 아빠를 어떻게 바라보는 지도 알게 됐다. 아빠는 너무 바쁘고 목소리가 무섭고, 엄마는 항상 지쳐있다고 답했다. 입버릇처럼 '아이고 힘들다'를 연발했는데 둘째가 그 얘기를 듣고 엄마와도 놀고 싶은데 그 말을 꾹 참았다고 한다. 둘째의 속내를 알고 나니 자투리 시간이라도 둘째를 위한 시간을 많이 내야겠다고 다짐했다. 그 일환으로 잠자기 전에 누워서 둘째와 오늘 하루의 일상을 나누고 자려고 노력했다.

평가에 익숙한 나와 남편 때문에 잘해서 상을 받아야 한다던가 무조건 100점만 맞아야 한다는 압박을 느끼고 있는 것도 발견했다. 남편과 내가 상을 받거나 논문이 게재될 때마다 엄청나게 좋아했는데 그것이 둘째에게 부담으로 작용했던 모양이다. 둘째에게 1등을 해서 좋은 것도 있으나 그러지 않아도 열심히 노력하면 충분히 가치가 있다고 많이 표현해 줬다. 그리고 될 수 있는 한 1등, 수상이라는 단어를 자제하기로 했다. 그 단어 자체로 둘째가 느끼는 압박이 있어 보였기 때문이다.

1등과 100점이라는 압박감에 벗어난 둘째는 홀가분해 보였다. 하지만 학교 공부를 열심히 하는 것은 소홀히 하지 않았다. 한번은 둘째가 받아쓰기를 연속 7번 100점을 맞다가 8번째 80점을 맞아 왔었다.

"이번에 80점 받았네? 미리 준비도 안하고 80점 맞은 거잖아? 대단한데? 우리 둘째는 기본실력이 좋다는 의미이니깐, 다음에 열심히 준비해서 받아쓰기 보자!"

지난번보다 낮은 점수에 살짝 의기소침했던 것도 잠시였다. 둘째는 나의 격려와 응원에 수줍게 웃으며 받아쓰기 공책을 펼쳤다.

둘째는 생각보다 상담을 정말 좋아했다. 상담 때문에 돌봄교실에 참가하지 못할 때마다 "나 오늘 상담가!"라고 친구들에게 즐겁게 이야기했다. 아이가 그림 그리고 뭔가 만드는 것을 좋아하는데 미술치료가 병행된 상담이라서 그런지 더더욱 행복해했다. 집에서는 한 살짜리 막냇동생이 보는 즉시 입으로 가져가는 바람에 찰흙이나 클레이를 가지고 노는 것이 금지되었는데 상담에 가서는 실컷 만지니 얼마나 신이 났겠는가.

내가 직접 상담을 받는 것은 아니지만 둘째가 상담을 받는 과정을 따라가다 보면 '내가 배우는 것이 더 많구나'를 느낀다. 일전에 첫째가 급식실에서 소리를 지른 일이 있었는데, 둘째가 상담 선생님께 했던 말을 전해 들었다.

"오빠가 또 왜 그랬을까요? 소리 지르는 게 없어져야 하는데"

둘째가 상담 선생님께 했던 이야기를 전해 듣고 머리에 해머를 맞는 기분이 들었다. 소리를 지르는 행위 자체에 매몰된 나머지 왜 소리를 지른 것인지, 그 이유를 찾아서 없애 줘야 한다는 생각까지는 이르지 못했기 때문이다.

예전에 부모 교육을 받으면서 들었던 것이 있었다. 어떤 아이가 식판에 밥만 받으면 그대로 엎어버렸다고 한다. 어떤 날은 엎고 어떤 날은 먹고. 그래서 담임 선생님이 급식 메뉴를 분석해보셨다고 한다. 나중에 알고 보니 그 아이는 물에 담긴 고기를 싫어하는데, 그것을 말로 표현하지 못하니 식판을 엎어서 자신의 감정을 표현한 것이었다. 그것을 알아차린 선생님이 그 아이에게 미리 급식 메뉴를 설명하고 먹기 싫은 것이 있으면 제외하고 받기로 약속을 한 뒤, 급식실로 가서 배식을 받는 연습을 시켰다고 한다. 그 뒤로 아이는 식판을 엎지 않았다고 한다.

우리 첫째도 뭔가 괴로운 상황이 생겨서 소리를 질렀을 수 있는데, 그 지점을 확인하지 못했다. 자기가 먹기 싫은 것이 나왔을 수도 있고, 오늘 기대했던 반찬이 안 나왔을 수도 있는데, 나는 왜 이 부분을 간과했던 것일까. 그리고 둘째에게 오빠의 행동이 잘못됐다는 것만 가르쳤지, 오빠가 왜 그랬는지는 충분히 설명하려고 하지 않았을까?

그 뒤로는 나는 둘째에게 아이의 세계를 설명해 주려고 노력했다. 비록 나도 전부를 아는 것은 아니지만, 의사 선생님으로부터, 센터 선생님으로부터, 관련 책에서부터 듣고 배운 내용들을 둘째의 눈높이에 맞춰서 알려주었다.

"오빠는 우리가 들을 수 없는 소리도 들을 수 있대. 예를 들어 윗집에서 나는 세탁기 소리라던가, 아주 멀리서 들리는 쇳소리 같은 거 말이야. 그게 너무 괴로워서 갑자기 울거나 소리를 지를 때가 있대. 그러니까, 오빠가 소리를 지를 때는 그럴만한 사정이 있나 보다 하고 이해해 주자."

그렇게 상담이 진행되는 동안 나의 역량도 많이 늘었다. 생각해 보니, 나는 대화에서 많은 것들을 생략하고 살았는데, 어떠한 상황이 발생하면 이젠 생략하지 않고 둘째에게 자세히 설명해 주기 위해서 노력한다. 물론, 시간이 지나면 또 까먹지만 그래도 계속해서 되뇌며 설명하려고 노력 중이다.

둘째가 상담을 받을 때마다 가족지원센터 대기실에 앉아 있었다. 하루는 사회복지사 한 분이 다가오더니 좋은 교육이 있다고 추천해 주셨다.

'장애 부모 동료상담가 양성 교육!'

장애 이해도가 낮은 나의 수준도 높여볼 겸 6회 기의 수업을 신청했다. 거기에 앉아 있으니 얼마나 편했는지 모른다. 우리 아이는 발달장애아라는 구구절절한 설명을 안 해도 되니 뱃속이 얼마나 편했는지 모른다.

무엇보다 가장 좋았던 점은 요령을 배우는 부분이었다. 사람들을 향해 뭔가를 설득해야 할 때 어떻게 얘기해야 하는지도 배우고 관공서에 찾아가야 할 때 어떻게 해야 하는지 비법도 배웠다. 또, 상담의 기술도 배웠는데 이것을 통해 아이와 더 잘 소통하게 된 면이 있다. 둘째가 상담을 받는 동안 부모 상담을 통해서 또 동료 상담가 양성 교육을 통해서 나도 많이 성장했다고 생각한다.

상담이 종료된 후, 둘째는 오빠를 놓칠까 봐 더는 옷을 잡아당기지 않게 됐다. 또 오빠로 인해 친구 관계가 무너질까 더는 걱정하지 않았다.

지칠 수밖에 없는 현실,
상담으로 풀기

아이의 세계가 커질수록 부모가 해야 할 일도 많아진다. 아이가 초등학교에 입학한 뒤부터 챙겨야 할 것, 배워야 할 것도 배로 늘어났다.

'하라는 건 일단 다 해보자! 나중에 다 쓸모가 있겠지'

이런 생각으로 신청하라고 하는 것들을 모두 다 신청했다. 그중 하나가 학부모 상담이었다. 그때는 학교에서 뭔가 하라고 하면 지푸라기라도 잡는 심정으로 임했었다. 내가 모르는 아이에 관한 정보들을 들을 수 있지 않을까 조금의 기대도 있었다.

나는 부모 상담이 나를 위한 상담이 아니라 아이의 상태를 점검하는 상담인 줄 알았다. 그런데 아니었다. 내가 신청하고 참석한 상담은 부모의 심리 안정을 위한 상담이었다. 내가 상담의 내

용을 착각하고 왔다는 걸 상담 첫날에야 알게 됐다

'이런 멍청이'

상담사가 상담을 더 진행할 것인지 물었다.

'오~ 이런 거 해본 적이 없는데 행운인걸?'

순간 나는 운이 좋다고 생각하며 막상 크게 괴로운 점은 없었지만 일단 하고 싶다고 답했다.

초반 상담은 어떻게 진행됐는지 기억나지 않는다. 힘든 것을 토로하기보단 '이번 주도 아이가 좋아졌어요'가 나의 고정 멘트였기 때문이다. 그때까지만 하더라도 나는 정말 나에게 문제가 없다고 생각했다. 지금의 상담도 우연한 헤프닝에 기인한 찬스 같은 것이지 뭔가 진단을 받고 고쳐야 하는 것은 없다고 믿었다.

몇 번의 상담 뒤, 내가 너무 해맑아서 걱정된다며 상담 선생님이 검사지를 들고 오셨다.

"발달장애 아동을 가진 엄마들은 상담하면서 엉엉 울고 갈 정도로 힘든 경우가 많은데, 너무 밝으셔서요. 검사를 한번 받아 보시는 게 어떨까요?"

검사 결과, 나는 그저 긍정적인 인간으로 살아가는 중이라고 나왔다. 나는 검사결과를 자의적으로 해석했다.

'오~ 내가 스트레스에 강하지! 난 그냥 해맑은 인간이구나!'

전문가는 역시 전문가였다. 상담 선생님은 몇 차례의 상담 후에 내가 부정적인 감정을 얼려버리는 사람이라는 것을 알아내셨다. 보통 억울한 일을 당하면 화를 내야 하는데 그런 이야기를 하고 있을 때마저 내가 웃고 있다는 것이다. 선생님의 지적이 맞다. 나는 화를 거의 안 낸다. 어떤 상황이 벌어지면 일단 수습을 해야 하니까, 극단적인 상황이 발생하지 않도록 말을 아끼고 일단 수습하는 데에 집중한다. 그 과정에서 내 감정은 없다.

초기 상담 때부터 나는 나의 감정을 표현하지 않았다. 정확하게 말하면 표현하지 못했다가 맞는 표현인 것 같다. 어떤 문제 상황에 닥쳤을 때 내가 무슨 감정을 느끼고 있는지는 중요하지 않다고 치부해 왔다. 곰곰이 생각해 보면 이러한 습관은 어릴 적부터 내가 나를 지키기 위한 방어기제로 나타난 행동이 아닐까 한다. 그래서 나는 참고, 참고 또 참다가 도저히 참을 수 없을 때 화를 한 번에 내버리곤 상대와 절연한다.

주변 사람과 큰 마찰 없이 지내는 편이지만, 나도 사람인지라 친구들이나 지인들과 싸울 때가 종종 있다. 그 싸움은 대개 비슷한 구조로 진행됐다. 몇 년 동안 묵혀두었던 기억들을 다 불러와 상대에게 아주 세세하게 따져 묻는다. 물론 내가. 상대방은 기억도 나지 않는 과거 자신의 행동과 말 때문에 황당해 하고 '자신은 그런 적 없다'로 방어한다. 그러면 거기에 내가 날짜와 당시의 상황을 자세하게 설명하며 '너는 그런 적 있다'고 쐐기를 박아준다. 케케묵은 과거 일까지 소환해 사과하라고 내가 말하면 '네가 그렇게 잘났어?'라는 말이 되돌아온다. 그렇게 또 하나의 인간관계가 정리돼 버린다.

나는 이런 다툼이 별일이라고 생각해 본 적 없다. 누구나 할 수 있는 다툼이고 말싸움이라 생각했는데, 이런 나의 행동들이 내가 정작 화를 내야 할 순간에 내지 못하고, 그렇다고 잊어버리지도 않고 가슴 속에 묻어 두었다가 한 번에 터트려버리기 때문에 나타나는 모습이었다니… '순하다', '긍정적이다'가 단순히 나를 칭찬하는 말인 줄 알았는데, 그게 아니었다. 상담 선생님은 상담 기간 내내 해맑게 웃는 나를 보며 위태롭게 바라보셨던 것이다. 화를 분출하지 못하고 한계까지 부풀어 언젠가 터져버릴지 모르는 사람으로.

상담선생님께서 '화가 났다'를 다른 언어로 분류해 보라고 하셨다.

'억울해서 화가 났다'

'속상해서 화가 났다'

'무시당해서 화가 났다'

화가 났을 때의 종류도 여러 가지이니 그것을 구분해 보라고 하신 것이다. 선생님의 조언대로 어떤 상황에 처하고 그 상황이 부정적이더라도 이제는 피하거나 회피하지 않고 '왜 화가 났는지'를 찬찬히 생각해 보는 연습을 해보았다. 그리고 어설프나마 나에게 무례하게 말과 행동을 하는 사람들에게 조금씩 표현해 보려고 노력했다. 아직도 나는 화가 났을 때 화를 내는 것엔 서

툴지만, 그래도 예전보다는 왜 화가 났는지 말을 할 수 있게 됐다. 부당한 일을 당하면 이제는 참지 않고 화를 낸다. 장족의 발전이다.

내가 한 상담은 특수교육지원청에서 무료로 해준 것이었는데 정말 많은 도움을 받았다. 6회 기 상담을 마치며 제법 성공적인 상담이었다고 자평했다. 이제 나에게 어떤 시련이 와도 멘탈이 흔들리지 않고 굳건하게 버틸 수 있을 것이라 자신했다. 착각이었다.

아이가 사라지는 사건이 발생했다. 교실에서 수업을 받다가 아이가 밖으로 뛰쳐나갔고 학교 앞에서 교통사고까지 당했다. 차에 치인 아이는 아파트 단지 쪽으로 달아나 버렸다. 학교 선생님도 나도 모두 아이를 찾아 헤맸다. 아이가 갈만한 곳을 다 뒤졌고 '찾지 못하면 어쩌나' 다소 정말적인 상황에서도 아이의 이름을 불러댔다. 그러자 기적처럼 아이가 나를 향해 걸어 왔다. 나는 아이가 도망갈까 봐 달래듯 아이를 불렀다.

"엄마야, 괜찮아, 이리 와"

말하면서 아이에게 다가가는데 갑자기 그런 생각이 들었다.

'쟤는 왜 멀쩡하게 살아서 나한테 걸어오는 거지?'

그날 밤, 집에 와서 남편에게 조심스레 말했다.

"애가 멀쩡하게 살아 돌아오는데 기쁘지 않았어⋯ 그냥 죽어 버렸으면 더는 힘든 일 없이 서로 좋은 이별을 할 수 있었을 텐데… 왜 어디 하나 다치지도 않고 멀쩡히 살아 돌아와서 …"

남편이 그 얘기를 듣더니 엄청나게 놀란 표정으로 내게 말했다.

"우리 귀여운 장남한테 왜 그러냐?"

"나도 사람인지라 애가 자꾸 사라지고, 사고가 나고, 내가 찾고, 수습하고, 사과하고, 주눅이 들어서 다니다 보니 너무 지쳐."

한동안 우울증이 심할 때는 아이를 안고 높은 데서 뛰어내리면 딱 좋겠다는 생각을 했다. 바닥에 부딪히는 그 순간이 너무나 경쾌하고 시원할 것만 같았다. 아이 때문에 너무 지칠 때는 나도 모르게 암울한 미래를 하루 빨리 끝내 버리는 게 좋지 않을까 어두운 생각에 빠져 있었다. 그러다 한날은 둘째와 셋째가 눈에 들어왔다.

'저 아이들은 첫째 때문에 엄마 없이 살면 그건 또 무슨 죄냐?'

우울증은 무섭다. 이런 생각에 다다르면 보통 열심히 살아봐야겠다는 결심이 설 텐데 나는 '첫째가 사라져 버렸으면 좋겠다'고 생각했다. '첫째만 없으면 내가 정말 자유로워질 것 같은데…', '쟤는 왜 나를 이렇게까지 괴롭힐까. 서로 더 안 좋은 꼴을 보기 전에 첫째가 죽어버렸으면 좋겠다'는 생각을 했다.

그즈음 첫째의 검사 때문에 부모 양육 스트레스 검사도 받았다. 예전에도 해당 검사를 받았었는데 스트레스 강도가 낮았었다. 그런데 이번엔 아니었다. 그래프의 막대기들이 종이를 뚫고 나갈 기세로 스트레스가 극에 달해있었다. 의사가 말했다.

"매번 웃고 다녀서 스트레스가 없는 줄 알았는데 걱정됩니다."

'아, 나 정말 심각한 상태구나'

그래서 이번엔 복지로 사이트를 통해 '발달장애인 부모상담지원 사업'을 신청했다. 상담을 받아서 내 상태가 어떤지 확인해야 할 것만 같았다. 해당 사업은 바우처로 지급되는 지원액과 본인부담금을 합쳐서 상담을 받을 수 있는 서비스다. 심리적으로 위급한 상황이 오면 신청해야지라고 생각했는데 결국엔 신청을 하는 날이 왔다.

발달장애 아동을 키우는 엄마 중에 우울증 약을 먹는 사람이 상당히 많은 것으로 알고 있다. 발달장애 자녀를 키운다는 것은 고된 일이다.

정말로, 아주, 많이 말이다.

친절한 이웃을
만드는 법

'이상한 변호사 우영우'를 보다가 펑펑 운 적이 있다. 1화에서 우영우가 첫 번째 재판에 참석하며 자신이 발달장애인이라서 조금 낯설 거라며 자기소개를 하는 장면이다. 드라마에선 우영우 본인이 자기소개를 했지만, 현실의 나는 아이의 언어가 제한적이니 내가 아이 소개를 대신하고 다닌다.

'언제쯤이면 아이를 설명하며 양해를 구하지 않아도 되는 날이 올까?'

그게 못내 서글펐다. 그래서 아이처럼 엉엉 소리 내며 울었다. 드라마를 보고 있으면 순간순간 울컥하는 장면들이 많이 나왔다. 감격스러워서라기보단 한숨이 나오도록 억울해서 눈물이 나올 때가 많았다. 현실에는 동그라미 같은 친구도, 영우가 서툴러도 배려해주는 직장상사도 판타지에 불과하니깐.

아이를 데리고 다니다 보면 숨 쉴 틈 없이 남의 눈치를 보고 다녀야 했다. 외출이 신나는 일이 아니라 내겐 괴로운 일이었다.

'이런 애를 왜 데리고 나왔어요?'

실제로 내가 들었던 말이다. 그것도 여러 번. '설마 저런 시대착오적인 말을 하는 사람이 아직도 있어?'라고 되물을 수도 있지만 아직도 많다. 그래서 딜레마다. 아이의 발달을 위해선 여행도 자주 하고 새로운 경험도 많이 하는 게 좋다고 하는데, 사람들의 시선이 썩 곱지만은 않은데다, 소리가 들리게 핀잔을 주는 사람이 있으니, 아이에게 오히려 안 좋지 않을까 하는 생각도 든다.

사람들 인식보다 그래도 조금 나은 것은 발달장애인과 가족들을 위한 제도다. 이는 많은 선배 부모님들의 노력으로 지금만큼의 수준까지 왔다고 생각한다. 그래서 제도를 이용할 때면 감사한 마음을 잊지 않는다. 아직 많은 부분에서 보완이 돼야 하지만 현 제도를 제대로 공부하고 활용한다면 잠시나마 숨을 돌릴 틈을 만들 수 있지 않을까 한다.

생각보다 발달장애인 가족을 위한 프로그램은 쏠쏠하게 있다. 이렇게 보면 우리 사회가 발달장애인 가족을 위해 신경을 많이 써주고 있는 것 아닌가 생각한다. 그중 나도 여러 번 도전하고 있는 제도가 있는데 바로 '발달장애인 가족휴식지원 사업'이다. 이 프로그램은 1박 2일 간의 여행 중 발달장애인을 포함한 가족

최대 4인에게 여행 자금을 지원해 주는 제도다. 나는 두 번인가 신청했지만 선정되진 못했다.

'뽑기 운이 지지리도 없지'

낙담하고 우울하다가 저소득층 등의 가점 외에 선착순도 영향이 있다는 항목을 보고는 12시가 되자마자 지원 날짜에 접수되도록 예약 메일을 걸어두었다. 그런데 나와 같은 작전을 펼치고도 안 된 사람도 있다 하니 운에 맡겨야 하는 것 같다.

이 외에도 기업에서 운영하는 사회공헌프로그램인 '초록여행'이라는 것도 있다. 나는 항공비, 숙박비, 차량 대여까지 해주는 프로그램에 1년째 도전 중인데 족족 떨어지고 있다. 계속해서 신청하다 보면 '한 번은 걸리겠지'라는 생각으로 매달 지원 중인데 요즘엔 숙박은 지원하지 않는 모양이다. 그 외에도 1박 2일 숲체험 프로그램 등도 있는데 이 역시 지원할 때마다 족족 떨어진다. 예산은 한정돼 있는데 지원자는 많아서 그런 것 같다. 이 역시 '언젠가는 되겠지' 하며 매번 공고가 뜨면 신청 중이다.

이런 사회공헌프로그램이나 정부 지원프로그램이 많아졌으면 한다. 웬만큼 부유한 가정이 아니고서야 발달장애 아이를 데리고 여행을 떠나기도 쉽지 않고, 최대한 많은 발달장애 아이들이 다중이용시설을 이용해 보고 경험해 봐야 그만큼 사회 적응 능력도 늘기 때문이다. 또한, 사람들도 발달장애 아이들을 자주 접한다면 그만큼 인식도 개선되지 않을까 하는 바람도 있다. 이런 바람은 현실에서 마주하는 발달장애 아동에 대한 부정적인 시선을 조후할 때마다 더 간절해진다.

하루는 둘째를 데리러 학교에 갔는데 둘째의 동급생이 실내화를 갈아 신다 우리를 발견하곤 큰 소리로 말했다.

"어! 이 형아는 특수반이잖아요! 딱 봐도 특수반인데? 얘 오빠예요?"

"어, 특수반에 있는 거 맞아."

나는 맞다고 대수롭지 않은 듯이 얘기해줬다. 내가 과민하게 반응하면 정말로 특수반이 나쁜 것으로 인식될까 봐 그랬다. 그런데 특수학급에 찾아가 첫째를 놀리는 둘째의 같은 반 친구가 생겼다는 이야기를 전해 들었다.

"엄마, 선생님이 놀리면 안 된다고 설명해 주셨는데, 우리 반 애들이 오빠 반으로 가서 오빠를 계속 놀려."

둘째가 어느 날 내게 이야기를 해줬다. 그래서 특수학급 선생님께 학기 초에 건의했던 장애인 인식 개선 교육을 2학기엔 꼭 좀 시켜달라고 간곡히 부탁했고 이에 선생님께서 좋은 강사님이 오셔서 강의하기로 결정됐다고 전달해 주셨다. 나도, 아이도, 학교 친구들도 사실 장애인에 대한 이해도가 낮다. 이것이 혐오로 흐르지 않도록 잡아주는 것이 내 역할이 아닐까 싶다.

무엇보다도 아이를 비롯한 많은 장애인이 우리 사회에서 특별한 존재가 아닌 평범한 이웃, 자주 보는 친구로 받아들여질 만큼 익숙해지는 것이 먼저가 아닐까 한다. 더 이상 낯선 존재가 아니라면 무지에 기인한 두려움도 몰이해에 비롯된 무례한 행동도 없어질 것이라 생각한다.

발달장애인을 자주 접하지 못하는 아이들이나 어른들이 보여주는 말과 행동들도 개선돼야 할 점이 많지만 지근거리에서 발달장애인들과 함께하는 사람들에게서도 가끔 '뜨악'하는 말과 행동을 보여줄 때가 종종 있다.

아이가 하루에 최소한 한 개 이상 센터 수업을 받다 보니 자연스레 대기실에서 만나는 사람들이 많아졌다. 나는 워낙 누군가와 떠드는 걸 좋아해서 누가 말을 시키면 신나게 대화에 참여한다. 그런 나에게도 버거운 상대가 바로 아이들을 비교하는데 주저하지 않은 사람들이다. 같은 처지에 다른 아이보다 우리 아이가 낫다는 뉘앙스의 말을 아무렇지 않게 말한다.

발달장애 아동의 엄마라는 것은 나를 모조리 소진할 만큼의 체력과 정신력을 요하는 업이다. '엄마는 다 그런 거야'로 퉁치기엔 육아의 난도가 어마무시하다. 이 세계의 삼악도(지옥)가 있다면 우리가 그 길을 걷는 것이 아닐까, 그렇기에 오늘도 고군분투하는 전우들을 언제나 다독여주고 싶다. 누가 쓰러지면 같이 어깨동무하고 나가면서 우리 아이들이 조금이라도 사회에 스며들어 살아갈 수 있게 함께 행동해야 하는 사람들이다. 그런 상황을 잘 알고 있을 텐데 굳이 아이들을 비교하는 분들이 있다. 최악은 자신의 아이는 아니라고 말하는 사람이다.

"우리 아이는 정상발달 아이인데 조금 느려서 센터에 다니는 것이지 여기 다니는 아이들과는 달라요."

누구나 우리 아이가 정상발달하길 희망하지만, 굳이 왜 그런 말을 하는 걸까. 그리고 발달이 잠시 느려서 센터에 다닌다고 한들, 굳이 그 말을 뱉어서 중증 장애아이 엄마들의 마음을 할퀴어야 할까.

또 다른 최악의 사례는 TMI가 너무 지나친 사람이다. 이런 경우는 자신의 집안 사정을 과시하듯 이야기하는 경우가 많다. 상담 치료 받으러 왔다 알게 된 할머니 한 분이 계셨는데, 큰 평수에 사시는 이야기를 매번 만날 때마다 하셨다. 이야기를 곰곰이 듣다 보면 아이를 있는 그대로 받아들이지 못해 현실을 회피하는 경향이 강했다. 대화 중에 간간히 '우리 아이는 저런 아이들과 다르다' 류의 발언들을 서슴없이 했다. 물론 아이의 느린 발달을 받아들이는 것이 쉽지 않다. 나 또한 그랬으니깐. 하지만 이런 바람을 다른 아이들과 비교하면서 내뱉는 건 다른 문제다. 자신이 내뱉은 말에 다른 사람들이 상처받을 수 있다는 것을 간과해서는 안 된다.

과도한 정보를 풀어내는 유형 중에는 발달장애를 안고 있는 아이의 인권을 너무 경외시하는 경우도 있다. 한번은 센터 대기실에 앉아 있는데 청소년 발달장애 아이의 생리주기를 센터 대기실에서 떠든 사람이 있었다. 해당 아이를 옆에 앉혀 두고 아이의 학부모와 통화를 했었다. 지난달에는 며칠부터 시작해서 얼마 동안 했는데 이번에는 왜 않는지를 한참을 떠들었다. 듣고 있는 내가 다 민망했다. 대기실에는 남성도 있었다. 청소년 발달장애 아이의 생리주기까지 그 대기실을 쓰는 모든 사람에게 아무렇지도 않게 밝히는 분을 보고 개탄을 금치 못했다. 발달장애 청소년에겐 인격도 없는 것인가? 메시지로 남겨서 확인해도 될 일을 대기실에서 꼭 전화로 떠들어야 했을까?

여기서 한 단계 더 높은 불쾌함을 전달하는 분이 바로, 폭탄 충고형이다. 하루는 아이를 수업에 들여 보내놓고 신나게 책을 읽고 있었는데 누군가 와서 말을 걸었다. 우리 아이 센터에서 자주 뵌 분이었다. 그분은 내 옆자리에 앉자마자 갑자기 훈계조로 얘기하기 시작했다. 이주 전, 우리 아이가 교통사고가 난 것을 알고 있는 듯했는데 아이를 어릴 때 안정시켜놔야 한다면서 학교에서는 어떻게 훈련해야 하고 약은 어떻게 먹여야 하고 정말 쉴 새 없이 조언을 퍼부었다.

활동보조를 하신 지 10년은 되신 듯했는데, 듣다 보니 말씀이 조금 지나치셨다. 그 활동보조분의 이야기 속 우리 아이는 망나니와 다를 바 없었다. 우리 아이를 돌본 적도 없고, 센터 대기실에서 잠깐 봤던 것이 다일 텐데 어떻게 저렇게 평가를 할 수 있을까.

"아들일수록 남편이 육아를 나눠서 해야 해요. 그리고 어릴 때 공부 열심히 가르쳐봐야 소용없어요. 중학교 가면 필요 없어. 이런 애들은 그냥 안전하게 앉아만 있는 것이 최고야."

아이에 대한 악담이 이어지자 나의 불쾌함도 최고조에 이르렀다. 더 이상의 악담은 없을 거라고 생각했는데, 뜬금 없는 말로 나의 속을 뒤집어 놓았다.

"기도 많이 하세요."

'뭐지? 이 사람은?'

그동안 어떤 말을 해도 한 귀로 듣고 한 귀로 흘려버렸다. 굳이 얼굴 붉혀봐야 무슨 소용이 있겠냐는 생각에 헛소리를 시전해도 웃으면서 대응했다. 그런데 기도를 하라는 활동보조의 말에 어이가 없어 상대를 쳐다보았다. 세상 그 어디에도 없을 불쌍한 사람인 것처럼 나를 바라보고 있었다.

정말 기분 나빴던 것은 우리 아이에 대해서 알은 채 하면서 다른 발달장애 아이의 집안 사정을 스스럼없이 미주알고주알 이야기했다는 것이다.

"아이가 충동성이 심해서 엄마가 보고 있어도 도로로 뛰어서 잡기도 힘들었어요."

다른 집 사정에 더 이상 말을 섞기 싫었다. 영업용 미소조차도 짓지 않고 가만히 있자 또 속을 뒤집어 놓는 말을 했다.

"그 집 엄마가 3월 2일 아침에 자살 시도를 했어요."

내가 자신의 말에 공감을 해주지 않으니 마치 저주를 하듯이 '너의 미래도 자살이야'라고 말하는 건가?

센터 대기 시간이 길어서 옆 사람과 이야기는 할 수 있다. 그렇다고 꼭 비하하는 말들을 해야 할까. 정작 필요한 것은 시스템의 개선인데 왜 엄마와 발달장애 아이만 뒷담화의 대상이 되는 것일까. 본인이 전문가가 아니면서 마치 전문가인 척 조언하는 것인지 이해가 되지 않는다. 경험이 많은 것과 전문가는 또 다르다. 센터 대기실에서 엄마들이 우리 아이가 한 치료에 관해 물을 때 내가 전문가가 아니니 꼭 연락해서 상담해 보라고 말한다. 우리 아이의 경험을 일반화할 수 없기 때문이다.

한번은 친정엄마가 아이에게 ADHD 약을 먹이자고 몽니를 부렸다. ADHD 아이와 지적장애, 자폐가 있는 아이는 매우 다르다. 각각 대처해야 하는 방식이 다른데 친정엄마는 우리 아이와 유치원 특수반에 같이 다니는 ADHD 아이가 무슨 약을 먹는다고 들었다며 우리도 먹여야 한다고 난리였다. 그 아이 엄마가 우리 아이가 임상시험 하는 약의 이름을 물었고, 친정엄마는 약상자에 있는 내용을 찍어 보냈다. 그 엄마는 이 약은 임상시험일 뿐이지 좋아지지 않는 약이니까 당장 어느 의원에 가서 자기 아들이 먹는 약을 먹어야 한다고 친정엄마에게 조언했다고 한다. 본인이 처방전을 발급해 줄 의사도 아닌데 정말 왜 이렇게 책임지지 못할 말을 쉽게 하는 걸까.

지금 이 순간에도 사람들의 시선, 주변의 충고가 끊이지 않는다. 이제는 불편한 시선도 불필요한 조언도 알아서 거르는 단계가 되었지만 여기까지 오는데도 중심을 잡지 못해 많이 흔들렸고 아이도 힘든 시기를 보냈다. 그리고 아직도 굳건한 중심을 잡기 위해 노력 중이다. 중심을 잘 잡아야 한다고 하지만 아이에게 무엇이 좋을지 판단하기 어려울 때가 많다. 그래서 모든 일에 망설이게 된다. 그래도 아닌 것엔 아니라고 할 수 있어야 한다는 것을 매번 되새긴다.

사실, 좋은 분들도 많다. 센터에서 들은 정보 덕분에 어느 센터에 어떤 능력자 선생님이 계신다는 것도 파악할 수 있고 어느 학교에서는 특수학급에서 무얼 더 해주는지 등을 파악할 수 있었다. 사실 좋은 분 90%에 괴롭게 만드는 분은 10% 정도다. 그러니 마음에 안 드는 분을 만나면 그저 피할 수밖에 없다. 센터 대기실에 가보면 이어폰을 끼고 스마트폰을 하는 분들을 많이 만나게 되는데 대기실 대화에 지친 분이라는 것을 알게 됐다. 사람 사는 곳은 어디에나 똑같지만, 느린 아이를 키우는 우리이기에 조금만 더 상대를 배려했으면 좋겠다.

발달장애인의 부모는
아이의 전 생애를
책임져야한다

"'사람은 _____를 해야 한다'라는 문장을 완성해 보세요."

창업을 위해 들었던 강의에서 강사는 평소 사람에 대해서 어떻게 생각하고 있는지 자신의 가치관을 써보라고 했다. 그리곤 한 명 한 명에게 다가가 무엇을 썼는지 물어봤다. 같이 수업을 듣는 수강생 한 명이 대답했다.

"사람은 쓸모가 있어야 한다"

"쓸모 있다는 것이 무엇인가요?"

강사가 되물었다. 다른 설명은 귀에 들어오지 않았는데 장애인에 관한 내용이 유독 들어왔다.

"장애인을 보고 쓸모가 없다고 말할 수는 없잖아요. 그분들이 잘하는 것도 있고, 또 그분들 덕분에 파생되는 산업도 있고, 또 그분들을 돌보기 위해서 자신의 능력을 발휘할 수 있는 분들도 있고 말이에요.”

장애인을 저렇게 바라볼 수도 있구나 싶어서 교재 한 귀퉁이에 적었다. 그분이 말하는 것이야말로 장애인을 바라보는 현 우리사회, 공동체의 수준이지 않을까. 꼭 평균에 맞춰야 하는 것이 아니라 다양한 모습의 사람들을 어우러질 수 있게 노력하는 것이 사회일 텐데… 사회나 공동체는 중간 그 이상으로 맞춰야 한다고 사람들을 채근하는지 모른다.

내가 쓴 문장들을 보았다.

‘사람은 즐거워야 한다, 사람은 무례해서는 안 된다. 사람이 수단이 돼서는 안 된다.’

예전 같으면 어떻게 썼을지 모르겠으나 아이를 키우다 보니 구색을 갖추기 위한 수단으로 장애인을 이용하는 것도 많이 보았고, 우리 아이가 장애인이라는 이유로 너무나 무례한 사람들을 만났기에 이런 문장이 완성된 것 같다.

내가 가장 분노하는 지점이 있는데 ‘장애인을 돌보는 나의 착한 모습’이라는 컨셉의 SNS 게시물이다. 본인은 봉사활동을 했다고 글을 올린 것이겠지만 시혜를 받아야만 하는 대상으로 장애인을 낙인찍는 것 같아서 볼 때마다 나도 모르게 짜증이 난다. 장애인의 인권 및 복지는 사각지대가 너무 많아서 개선이 필요한 부분들이 아직 많지만 아주 사소한 것도 무조건 도와주고 베

풀어줘야 할 대상은 아니다. 오히려 자립할 수 있도록 환경을 조성해 주는 것이 장기적인 관점에서 훨씬 낫다. 그러니 장애인이 사회 구성원으로 살아갈 수 있다는 믿음과 존중을 보여주었으면 한다. 이런 접근이 전제되지 않는다면 앞으로도 장애인을 바라보는 시선은 '시혜' 수준에서 한 걸음도 더 나아가지 못한다. 그러니 '저 오늘 장애인 아동을 위해서 무언가를 하고 있어요, 저 정말 착하지 않나요?'라는 컨셉의 게시물은 지양해 주었으면 좋겠다.

장애인의 날이 다가올 때마다 정치인들이 가장 많이 하는 퍼포먼스가 휠체어 체험이다. '하루 체험해 보았습니다'하고 사진 한 장 찍고 끝날 것이라면 그냥 하지 말았으면 한다. 휠체어 체험이 아니더라도 아이를 태우고 유모차만 밀고 다녀도, 평소에 작은 수레에 짐을 싣고 돌아다니기만 해도 이 세상에 얼마나 많은 장애물이 있는지 이해할 수 있다. 그런데 장애인의 날만 되면 매번 휠체어 체험을 하며 생색을 내는지 모르겠다. 오히려 장애인과 관련된 직업을 가진 분들은 그런 포스팅을 올리지 않으신다. 아이들의 인권을 위해 절대 신원을 노출하지 않고 오늘 어떤 일을 했는지도 발설하지 않으신다. 가끔 장애인이 모이는 시설에서는 이벤트를 해도 절대 외부로 노출하지는 않으신다. 장애인에 관한 포스팅에 다른 사람들은 별생각 없이 보겠지만 내가 아이를 키우는 엄마이기에 괜히 분노하는 지점인지도 모르겠다.

강사가 말했다.

"상담이나 복지 분야에서 일하는 분들은 정신적으로 지칠 때가 많다고 하는데, 그분들이 강한 스트레스를 참아가면서 해야 하나? 그건 아니라고 생각해요. 반드시 본인이 먼저 치유되고 거기서부터 일을 시작해야지, 그렇지 않으면 너무 괴로운 순간을 맞이할 수 있어요"

강사의 말에 수강생 중 한 분이 다른 의견을 내 놓으셨다.

"그래도 일의 성취를 위해 참고 나아가야 하는 것 아닙니까?"

"그렇게 하다간 10년 뒤에 자신이 아플 수도 있고 극단적인 상황을 가정해보면 스트레스를 참고 참다가 암에 걸릴 수도 있는데, 그것이 정말 좋은 직업인지는 고민해봐야 하지 않을까요? 그러니 자신부터 치유할 것!"

오늘 해주신 이야기는 정혜신 박사의 책에서 읽으셨다고 덧붙였다. 아, 나도 읽었던 기억이 난다.

'그렇다. 우리는 치유가 된 상태로 삶을 살아야 한다. 그렇지 않으면 내가 아플 수 있으니 말이다.'

그런데 자식은 어떤가. 아이를 키우다 보면 치유할 시간은 없고 매일매일 화가 쌓이는 것을 느낀다. 최악의 경우엔 극심한 우울증에 빠지게 되고, 삶을 정리할 수도 있다. 번아웃이 될 때 아이와 잠깐 멀어졌다가 내가 회복된 후 다시 돌아와서 아이를 돌볼 수도 없다. 1년 365일 이 아이의 보호책임은 전적으로 나에게 있다.

그래서 나는 몇 년 전부터 전문가에게 맡길 수 있는 부분은 그 분들에게 넘기는 것으로 나의 숨통을 열어놓고 있다. 학교에 갔을 때는 선생님과 지도사에게 맡기고, 학교가 끝난 뒤엔 활동보조에게 맡기고, 센터에 가서는 치료사에게 아이를 맡기고 방과 후 수업에 가서는 그곳의 선생님에게 맡긴다.

가끔 센터 대기실에 앉아 있으면 우리 아이의 고집 피우는 소리가 들린다. 유독 심하게 그러는 날이 있으면 괜히 불안하다. 내가 개입해야 하는 것은 아닌지 오만가지 생각이 든다. 그런데 어느 날 알았다. 센터에 있는 시간 동안 고집을 피우면 그것을 바로 잡기 위해서 선생님이 최선을 다하신다는 것을 말이다. 그렇게 가족이 아닌 타인과 있는 시간에도 소리를 지르거나 드러눕는 행동을 하면 안 된다는 것을 아이가 배운다. 그러니, 나부터 아이에 대한 짐을 내려놓고 아이를 사회에 내보낼 수 있도록 도와야겠다는 생각이 든다.

발달장애인 국가책임제에 관한 기사를 몇 년 전부터 접하고 있다. 그와 동시에 '네 자식(장애인)은 네가 집에서 키우라'는 악성 댓글도 보았다. 대부분의 사람들이 발달장애에 대해 제대로 알지 못한다. 당연히 발달장애 가정이 시간이 지남에 따라 붕괴되어 간다는 사실도 잘 모른다. 당장 내가 불편하니까, 안 보이는 곳으로 사라져달라는 말을 너무 쉽게 한다.

장애인은 집에서 나오지 말아야 하는 존재인가?

그렇게 쉽게 누군가에게 상처를 남기는 사이, 발달장애 아이와 부모가 생을 포기했다는 기사가 올라온다. 그럴 때 장애인을 돌보는 착한 내 모습이란 컨셉의 포스팅을 발견하면 악플보다는 낫다는 생각이 든다. 온도 차가 너무 큰 현실을 어떻게 받아들여야 할까.

이름 모를 가정의 고통이 그저 스쳐 지나가는 기사 한 줄로 남을지, 우리가 관심을 가지고 그들도 행복할 수 있도록 도울지는 언제나 선택의 몫이다. 우리 공동체는 앞으로 어떠한 선택을 할까.

제5장

학교에서도
아이는
성장한다

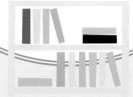

학교에서도
아이는 성장한다

4월 20일 장애인의 날, 나는 아이의 담임 선생님께 연락드렸다. 장애인의 날에 아이의 반 친구들에게 간식을 나눠주고 싶은데, 가능한지 여쭤보았다. 담임 선생님께서는 흔쾌히 허락하셨다.

아이의 반 친구 명수에 맞춰서 좋아할 만한 간식들을 다양하게 담았다. 반 친구들의 예쁜 마음과는 비교도 안 되겠지만, 간식 상자를 장식할 예쁜 스티커도 골라서 상자마다 붙였다. 이 상자를 열어보고 즐거워할 친구들을 생각하니 벌써 가슴이 설 다.

아이의 반 친구들에게 간식 상자를 돌린 것은 이번이 처음이 아니다. 아이가 초등학교를 입학하던 해엔 아이를 처음 만나는 반 친구들에게 아이를 소개하는 글을 적어 보냈다. 감사하게도 담임 선생님께서 내가 쓴 글을 아이들에게 읽어주시고 아이에 대한 이해도를 높이는 것으로 마무리했다. 초등학교 2학년 땐 시기가 좋았다. 얼마 전 가족여행으로 일본을 다녀왔던 터라 그곳에서만 살 수 있는 신기한 과자들을 쓸어 담아 아이의 반 친구들에게 돌렸다.

'뭐 이렇게 유난을 떠냐?' 생각할 수도 있다. 그런데, 내가 아이의 반 친구들에게 느끼는 고마움에 비하면 이런 간식 상자는 정말 아무것도 아니다. 아이가 반 친구들과 하이파이브를 하고 간단하게나마 대화를 하는 모습을 보면 가만히 있을 수가 없다. 이 고마움을 어떻게라도 표현하고 싶었다.

아이가 학교에 다니면서 교육제도에 한계도 많이 느꼈고, 행정편의주의식 사고에 절여진 교육 공무원들을 볼 때면 몇 번이고 무너졌다. 그때마다 나를 건져낸 건 아이의 반 친구들이다.

서투르지만 아이에게 관심을 가져주었고, 지치지 않고 용감하게 아이에게 말을 걸어주었다. 절망의 늪에서도 희망을 끝내 놓지 못하는 것은 이런 사람들의 선의가 있기 때문은 아닐까.

통합교육,
어디까지 와 있는걸까

　내가 학교에 다닐 땐 통합교육이라는 것이 없어서 특수반 친구들을 만날 기회가 전혀 없었다. 장애인 교육도 제대로 받은 기억이 없다. 분명 장애인 인식 개선 교육을 했을 것 같은데 머릿속에 남아 있는 것이 없다. 특수반 아이와 분리 교육을 받은 나는 장애인에 관한 생각이 제로인 채로 살아왔다.

　최근 유명 웹툰 작가의 발달장애 아이의 일로 사회가 엄청 시끄러웠던 적이 있다. 그때 달린 댓글 중 '문제가 많은 아이를 왜 특수반에 있게 하지 않고 일반 반에 넣으려고 하나?'는 것이었다. 해당 댓글은 나처럼 통합교육을 경험하지 못한 세대가 쓴 글이 아닐까 생각했다. 나도 아이가 발달장애가 없었다면 통합교육이 뭔지 왜 필요한지도 모른 채 지내왔을 것이다. 무지에 기인

한 말이기에 머리론 이해가 됐지만 속이 쓰리긴 했다.

통합교육은 특수반 아이들이 국어와 수학 시간을 제외하고는 배정받은 일반 반에서 수업을 받는 것을 말한다. 일반 아이와 장애 아이를 같이 수업 받게 하여 서로를 이해하고 편견 없이 대하는 것을 목표로 삼고 있다. 통합교육은 장애 아이만을 위한 것이 아니다.

막상 통합학급으로 수업이 진행되면 버거워하는 선생님도, 마음에 들어 하지 않는 학부모도 많다. 그래서 통학학급은 교사들에게도 기피 대상이라고 한다. 해당 학급을 담당하면 점수를 더 받는데도 지원자가 없을 때도 종종 있다고 한다. 큰마음 먹고 통합학급을 담당하는 교사가 있어도 선생님의 재량에 따라 아이들이 교실에 녹아들 수도 있고 그렇지 못할 수도 있다. 한 공간에 있어도 무관심 속에 그저 몇 시간 수업만 같이 받다가 가는 손님으로 치부 받거나 불쾌한 문제아로 전락할 수 있다. 지금 통합교육이 딱 그렇다고 생각한다.

아이가 6세가 된 지 얼마 안 됐을 때 아이가 느리니 준비를 해야 할 것 같다며 다니는 센터에서 이러저러한 선택지를 알려주었다. 센터장은 학교에 갈 준비를 하기 위해서는 특수교육지원청에 전화해 특수교육대상자 신청을 하는 것이 좋을 것 같다는 의견을 주셨다. 그래야 병설 유치원에 있는 특수반에 갈 수 있고, 학교 시설을 미리 이용할 수 있으니 초등학교에 가서 헤매지 않을 수도 있다는 이유에서였다. 그날 바로 전화를 걸어 특수교육지원청에서 안내해 주는 대로 했다. 그 과정에서 아이를 특수교육지원청에 데리고 가서 아이의 상태를 미리 확인해야 한다. 미리 약속을 잡아 특수교육지원청을 방문했다. 담당자가 아이를 데리고 가서 관찰하는 동안 나는 무수히 많은 서류를 작성했다. 약 한 달의 시간이 흘렀을까, 특수교육대상자가 됐다는 통지서를 받았다.

아이는 집 근처에 있는 병설 유치원에 갔다. 그런데 하필 코로나19가 터져 할 수 있는 것이 없었다. 그저 돌봄체제가 유지된다는 말을 들었다. 코로나19로 인해 아이들도 피해를 많이 봤지만, 특수교육대상자 아이들이 정말로 피해를 많이 봤다. 발달을 끌어올리기 위해 일분일초가 중요한 아이들인데 아무것도 할 수 없었다. 아이는 그렇게 마스크를 쓰고 유치원에 가서 놀았다. 친구들이랑 놀지 않는 아이였으니 그저 혼자 또 자기 세계에 갇혀 있었을 것이다.

코로나19가 좀 수그러들자, 수업이 진행됐다. 아이는 특수반에서 언어 수업을 하는 듯 보였다. 그러나 발전하는 것이 보이지 않았다. 하루는 유치원에서 개별화 회의를 위해 부모를 소환했다. 개별화 회의는 특수교육대상자에 맞춰서 한 학기 동안 어떻게 수업을 이끌어갈지 특수 선생님과 학부모가 조율하는 것을 말한다. 개별화 회의 참석자엔 유치원 원장 등도 포함되지만 보통 선생님과 학부모가 조율을 끝내는 경우가 많다. 회의를 위해 이번엔 남편이 가기로 했다. 아이에 대한 상황을 정확히 좀 파악해 보고 싶다며 간 것이다.

회의에 다녀온 남편이 회의감이 든 얼굴로 다녀온 소감을 말했다.

"나를 왜 불렀는지 도무지 모르겠어."

그저 이런 애들은 어떻게 해야 한다는 훈계만 잔뜩 해서 듣고 있다가 '내가 왜 이걸 들어야 하지?' 싶어 자리를 정리하고 왔다고 했다. 그 뒤로도 나에게 어떤 병원 어떤 의사 정도는 주치의로 삼아야 한다는 등 원치 않은 조언을 퍼부어 괴롭게 했다. 좋은 정보를 나눠주는 것은 감사하지만 '나는 전문가고 너는 아무것도 모르는 애 엄마잖아?'라는 태도로 일관하면 거부감이 들기 마련이다.

학부모에게 충고와 지시는 그렇게 많이 했던 유치원 특수반 선생님이 서류를 제대로 처리하지 않아 그해 말에 문제가 발생했다. 우리의 잘못이 아닌데 우리가 피해를 고스란히 봐야 하는 상황이 생겼다. 그 선생님도 자기가 서류를 처리하지 않았으면 '죄송하다'고 하면 될 것을 마치 내가 잘못했다는 듯이 뒤집어 씌웠다.

'그런데 어쩌나, 주고받은 메시지에 내가 서류를 모두 제출했다는 것이 떡하니 남아 있었는데'

웃으며 넘어가려고 했지만, 이런 식의 행정처리가 반복된다면 다른 학부모들도 유사한 피해를 볼 것으로 판단했다. 그래서 선생님께 우리의 입장을 분명히 했다.

"우리가 잘못한 것이 아닌데 문제가 생겼으니 일단 행정심판 등으로 잘잘못을 따져봐야겠어요."

그랬더니 교육청에서 갑자기 알아서 처리하겠다는 연락이 왔다. 그렇게 사건이 종결됐고 나는 특수교육에 대한 회의감만 가득 안게 됐다.

그다음 해에 선생님이 바뀌었다. 새로운 선생님은 내가 손 하나 까딱하지 않아도 될 정도로 모든 것을 처리해 주셨다. 정말로 능력자셨다. 학기 중엔 아이들과 통합수업을 잘할 수 있도록 끌어주셨고, 방학 때가 되면 대학생 봉사자가 돌봄을 맡아 공백이 없도록 잘 준비해 주셨다. 조금 먼 초등학교에 배정될 것 같자, 이것저것 아이 서류를 더 챙겨서 보내보자고 연락을 주셨고, 초등학교에 들어갈 수 있는 인력을 미리 준비하기 위해 활동보조도 신청해 놓으라고 말씀해주셨다. 선생님 덕분에 초등학교 들어가기 전에 장애등록을 마치고 지원받을 수 있는 것들을 얼추 준비해 놓았던 것이 행운이었다. 그렇게 나는 특수교육에 대한 희망을 조금 더 얻었다.

아이가 초등학교에 갔다. 다른 학교는 입학 전에 상담을 진행하고 어느 정도 아이를 파악해 아이 동선을 계획한다고 하는데 나는 연락을 못 받았다. 그러다가 개학 3일 전, 입학 날 아이를 데리고 오면 된다는 연락을 받았다. 그것이 다였다. 아이를 맞이할 준비가 전혀 되지 않았던 그 날, 입학식 도중 아이가 소리를 지르며 뛰쳐나가려고 했다고 전해 들었다.

"아이가 소리를 질러서 선생님이 정말 놀랐다고 하고요, 아이들이 정말 시끄러워했다고 하네요."

동물원 관찰일기가 따로 없었다. 나는 상황이 그 정도 됐으면 아이를 특수반에 분리해놨을 줄 알았는데 그런 대처도 전혀 되지 않았다. 알고 보니 선생님이 처음 발령받아서 학교에 적응하는 중이라고 했다.

'모두에게 처음이 있으니, 시간을 조금 드리자.'

조금만 기다려보자고 생각했다. 학교에 지도사도 있고 활동보조도 투입됐으니 기대해 보자고 마음을 다잡았다. 물론 지도사가 우리 아이에게 처음부터 배치된 것은 아니었지만 긴급상황엔 투입해 주지 않을까 생각했다.

다행히 활동보조가 학교에 들어가자 아이가 안정을 찾았다. 공개수업 날 아이가 정말 잘했다. 수업 참여도 하고 화장실에 가고 싶을 땐 활동보조 선생님께 '화장실 가요'라고 글로 써서 알렸다. 나를 보더니 반가워했고 집에 가나 싶어서 딱 붙어 있었다.

그런데 통합반에서 그렇게 잘했던 아이가 특수반에서는 부산스러웠다. 수업은 선생님 혼자 하고 아이는 그저 아이만의 세계에 갇혀 있는 듯 보였다. 친구들이 많이 있는 것과 적게 있는 것의 차이일까. 왜 소규모로 수업을 하는데 아이는 오히려 자기 안에 갇힌 걸까.

방학이 왔고 2학기 개학을 앞두고 있었다. 입학 때는 조율을 못 했으니 2학기엔 어떻게 할지 개학 전에 상담했으면 좋겠다고 학교에 연락했다. 연락은 오지 않았다. 그렇게 2학기를 보냈다. 아이는 도장을 받고 싶어 알림장을 열심히 쓰고 줄을 서서 선생님 확인을 받아올 정도로 성장했다. 그렇게 2학년이 됐다.

1학년 땐 헤맸으니 이번엔 학기 시작 직전에라도 아이에 관해서 조율했으면 한다고 했다. 연락이 또 없다. 돌봄교실 하교 때문에 활동보조 선생님이 학교에 갔다가 특수반 선생님께 이번엔 아이 지원이 어느 정도 되는지 확인해야 본인도 방과 후에 아이를 센터로 데리고 다닐 시간을 정리할 수 있다고 얘기했다는데 연락이 없었다.

2학년이 시작되기 전, 지도사 배치가 안 됐다는 연락을 받았다. 아이가 1학년을 다니는 내내 지도사를 추가 배치해 달라고 담당 교사, 학교, 교육청에 문제 제기를 지속적으로 했다. 도저히 개선의지가 보이지 않아 급기야 행정심판을 신청했다. 행정심판은 결국 졌는데 법령이 '지도사를 반드시 배치해야 된다'가 아니라 '배치할 수 있다'로 돼 있어서 추가 배치를 하지 않아도 된다는 것이었다. 학부모가 이렇게까지 신경 쓰는 사안이었는데 학교는 지도사 배치도 못 받은 것인지 화가 났다. 심지어 지도사가 없이 어떻게 아이들을 끌고 갈 것인지 교사가 전혀 말을 해주지 않는다는 점도 화가 났다.

불행 중 다행으로 아이의 담임 선생님이 아이를 차별 없이 대해주시고 이끌어주셔서 아이가 많이 성장했다. 일일 반장도 해보고 알림장도 열심히 쓰고 심지어 아이들의 도움을 받아서 무궁화꽃이 피었습니다나 대문놀이 등도 참여했다. 또, 음식 만들기 조별 활동이 있으면 같은 학급 친구들이 아이가 할 수 있는 역할을 배정해주어 조별 활동에 어떻게든 끼워주었다. 아이들에게 정말 고마워 통합반 선생님의 허락을 받고 장애인의 날에 과자를 한 번 돌렸다. 가을에는 일본에 갔다가 포켓몬 센터에 들러 한국에서는 살 수 없는 과자를 잔뜩 사서 나누어 주었다. 고마움을 이렇게라도 표현하고 싶었다.

그러는 사이 특수반과는 소통이 더 안 됐다. 장애인의 날에 장애인 인식 개선 강사를 초빙했으면 좋겠다고 요청했다. 마침 남는 예산도 있다고 전해 들었던 차에 '잘됐다'고 생각했다. 하지만 나의 요청은 전혀 전달되지 못한 듯했다. 아이와 같은 또래 아이들로부터 나오는 차별적인 시선, 말과 행동에 장애인 인식 개선이 필요하다고 느껴 요청한 것인데 이는 나만 절실한 문제였던 모양이다. 2년째 요청했지만 요지부동인 것을 보면 말이다.

활동보조 문제도 불거졌다. 생각보다 너무 많은 지원 요청이

들어왔다. 당시엔 내가 출산을 해 추가 지원시간이 나와 지원을 더 할 수 있었지만 지원이 끊기는 11월부터는 어떻게 하겠다는 것인지 말이 없었다.

우리는 활동보조 시간을 125시간 배치 받은 집으로 방과후 센터 지원에만 활동보조를 요청해도 시간이 부족한데, 자꾸만 학교에서 요청하니 미칠 노릇이었다. 활동보조는 내가 자부담을 해야 바우처가 생성되는 서비스다. 반면 지도사는 학교 내의 생활을 돕기 위해 교육부에서 제공하는 서비스다. 당연히 학교에서 발생하는 특수 아동에 대한 지원은 학교가 지도사를 배치해 해결할 문제지 활동보조로 그 구멍을 메꾸어선 안된다.

그런데도 특수반 선생님이 과하게 활동보조 지원을 요청했다. 두고만 볼 순 없었다. 특수교육청에서 지도사 배치에 관한 서류를 받자마자 학부모 의견서를 첨부해 제출했다. 학부모 의견은 점수에 전혀 반영되지 않지만, 동점인 학교가 있을 때 참고자료로 쓸 수 있다는 얘기를 들었기 때문이다. 이번에도 지도사가 배치되지 않으면 가뜩이나 소통되지 않은 상황에 아이만 덩그러니 헤맬 것 같아 최선을 다해 작성했고, 의견서를 제출했다. 다행히 지도사가 배치됐다는 소식을 들었다.

하지만 특수반 선생님은 지도사 배치 소식을 내게 바로 알리지 않았다. 배치가 이루어지고 한참 뒤, 특수반 선생님과의 대화 중에 알게 됐다. 지도사가 배치된 것을 알았다면 활동보조 시간을 더 효율적으로 활용할 수 있었을 텐데 화가 났다. 더욱이 학교의 이와 같은 태도가 아이와 관련된 일에 책임을 모두 활동보조에게 전가하는 것으로 보여서 답답했다.

학교에 나의 입장이 전혀 전달되지 않는 듯 보여서 이번엔 문서로 제출했다. 앞으로 활동보조를 교내에 투입하지 않겠다고 말이다. 그랬더니 교감 선생님이 전화가 왔다.

"아이가 착석도 안 되고 소리를 지르고 수업 시간에 돌아다니면서 방해하는데 활동보조를 안 보내면 어떡하십니까?"

맙소사. 우리 아이는 그러지 않았다. 활동보조가 문밖에서 대기해도 필요가 없을 정도로 착석해서 수업을 들은 지 오래였다. 아이에 대한 왜곡된 소식이 학교에 보고된 것 같았다. 화가 머리끝까지 났지만, 여기서 아이에 대해 제대로 알지도 못하는 교감에게 화를 내봤자 달라지는 건 없을 거라고 생각이 들었다. 교감에게 말했다.

"개별화 회의 때 말씀드리겠습니다."

그리고 다음 날, 특수반 선생님이 아이가 돌봄을 하는 교실에 찾아왔다는 소식을 들었다. 나는 그 자리에 함께 있지 않았지만 그날 아이의 활동보조를 했던 대학생 선생님의 전언으로 무슨 상황이 있었는지 상세하게 알 수 있었다. 특수반 선생님은 아이가 센터 수업이 많아 스트레스를 받은 상황이므로 돌봄 수업에 참여하지 않아도 그냥 내버려두라고 주위에 말했다고 한다. 그리고 아이에게 핸드폰을 쥐여 주었다고 한다. 그날 돌봄 교실에서는 모래놀이 수업이 진행됐지만, 아이는 모래놀이 수업에 참여하지 않았다.

"애가 뛰면 같이 뛰고 애가 누우면 같이 눕고 정말 이상한 행동을 해서 돌봄교실 아이들이 우리 아이와 특수반 선생님을 지켜봤어요."

순간 '뭐지?'라는 생각이 들었다. 갑자기 돌봄 교실에 나타난 것도 놀라웠고 아이가 스트레스가 많다는 특수반 선생님의 판단도 쉽게 동의가 되지 않았다. 그런데 대학생 활동보조 선생님의 이어진 말에 표정을 갈무리할 수가 없었다. 돌봄교실에서 아이들도 다 있는 곳에서 활동보조 민원을 제출했다는 이야기를 특수반 선생님이 돌봄교실 선생님께 했다는 것이다. 민원을 제출한 것이 딱히 비밀도 아니었고 알아도 크게 상관은 없었으나 아이들이 버젓이 수업 받고 있는 현장에서 그와 같은 대화가 이루어졌다는 것에서 '참 프로의식도 없구나!' 개탄을 금치 못했다.

사실 그런 이야기는 '나였다면 안 그랬을 텐데', '나와는 생각이 다르시네'로 넘길 수 있는 사소한 문제였다. 그런데 마지막 전언에 내 두 귀가 잘못 들은 것은 아닌지 의심할 수밖에 없었다.

"특수반 선생님께서 제게 아이가 혼자 패딩을 입을 수 있었냐고 물어보셨어요"

아마도 아이가 돌봄교실에서 패딩을 혼자 입는 모습을 보고 대학생 활동보조 선생님께 물어보셨던 모양이다. 발달장애 아이라는 정보만 듣고 아이를 본 지 얼마 안 된 분이라면 충분히 물어볼 수 있다. 하지만 특수반 선생님은 우리 아이를 2년 동안 담당하셨던 선생님이다.

'어떻게 아이가 스스로 옷을 입을 수 있는지 없는지조차 파악이 안됐을까?'

그길로 우체국으로 향했다. 교원기피신청서를 보냈다. 2년 동안 크고 작은 문제들이 있었지만, 나의 행동에 혹시나 아이에게 피해가 갈까 참고 참아두었던 행동을 해야 할 때라고 판단했다. 내가 보낸 교원기피신청서는 다음주 월요일에 교무실 도착했다는 알람이 왔다. 그런데 해당 특수반 선생님은 지난 금요일에 사표를 제출했다는 소식이 들린다.

3학년 새 학기가 시작됐다. 아이의 특수반 교사가 바뀌었다. 30분 동안 아이에 관한 질문을 던지시더니 일주일 만에 아이 파악을 완료하셔서 어떤 것은 끌어올리고 어떤 인력을 지원할지 말씀해주셨다.

'맙소사. 원래 이렇게 이야기를 들을 수 있었던 것인데 2년 동안 나는 왜 못 들었던 것일까.'

습관처럼 장애인 인식 개선 교육을 요청했다. 말을 하면서도 크게 기대하지 않았다. 번번이 거절당했던 경험 때문인지 나도 모르게 패배주의가 깊이 자리 잡았던 모양이다. 그런데 특수반 선생님께서 흔쾌히 수락하셨다.

'오? 이게 되네?'

장애인식 개선 관련 수업도 내가 의견 준 것을 바탕으로 올해는 외부 강사를 초청해서 하겠다고 하셨다. 정확히 어떤 수업을 원하느냐고 물어보셨다. 아이들 눈높이에 맞춰서 장애인인 강사가 직접 하는 수업도 있고, 장애인 비보이가 공연하는 수업도 있다고 들었다고 말씀드렸더니 정말 좋은 수업 같다고 적어가셨다.

그런데 반전은 여기서 그치지 않았다. 인식개선 교육을 요청하면서 아이가 속한 학급, 학년 정도가 강의를 받지 않을까 생각했었다. 하지만 변경된 특수반 담당 선생님은 전교생을 대상으로 장애인 인식 개선 교육을 진행하셨다.

'통이 크시다!'

그동안 거절당하고 맘고생 했던 것들이 이 한방으로 모두 다 치유 받는 것만 같았다. 요청한 강의가 끝나고 후기가 너무도 궁금했다. 아이들이 자연스럽게 받아드렸을지, 지루해하지 않았을지 걱정이 되었다.

'웬걸? 분위기가 좋았다고?'

엄숙한 학교 교육 세대여서 그런지 신나고 흥미로운 수업은 영화나 드라마에서나 나오는 것이라 생각했다. 이런 나의 선입관이 무참히 부서졌다. 강의 내내 아이들은 흥미로워했고 반응도 뜨거웠다고 한다. 수업이 끝나고 아이들은 장애인 인식 개선 교육을 진행한 강사님과 하이파이브를 하고 마무리됐다고 한다. 공교육에 치이고 치여 포기할 만하면 이런 기적 같은 순간이 내게 찾아온다.

발달장애 아이를 키우고 있는 부모들은 항상 위축되어 살 수밖에 없다. 아이의 의사전달이 원활하지 않으니 그저 안전하게 학교에 갔다 올 수 있게 꾹 참는 것이 일상이다. 그래서인지 개선의 속도가 느려도 너무 느리다.

'저 엄마가 자기 아이만을 위해서 저런다'고

욕을 들을까 봐 그게 나에게서 끝나는 것이 아닌 아이까지 도매급으로 같이 욕을 먹을까 봐 지난 2년 동안 꾹 참았다. 특히나 유명 웹툰 작가의 아동에게 문제가 발생했는데 학교의 대처와 검찰의 기소에 이르는 과정이 너무나 왜곡돼 기사로 전해지는 바람에 발달장애 아이를 키우는 부모들을 더 위축되게 만들었다.

통합교육은 어디쯤 와 있는 것일까.

아이들은
이미 어우러져있었다

아이가 초등학교 3학년이 되었다. 이젠 익숙해질 법도 한데 아침 등굣길은 언제나 괴롭다. 아이가 힘들게 하는 것은 아니고 내가 위축돼서 그렇다. 다른 아이의 엄마들은 모두 정문 앞에서 아이만 들여보낸 채 손을 흔드는데 나는 실내화를 갈아 신는 곳까지 아이와 함께 들어가서 특수반 선생님 또는 지도사 선생님께 아이를 인계해야 하니, 해야 할 것도 많고 만나야 할 사람도 많다. 진이 빠진다. 물론 아이를 데려다주는 엄마들도 학년이 올라갈수록, 학기가 진행될수록 줄어든다. 학부모가 줄었다 하더라도 태생이 타인들의 눈치를 많이 보는 성향이 그런지 마음이 가볍지만은 않다.

여동생은 초등학교 1학년인데도 3월에 적응이 끝나서 학교에 혼자 가는데, 아이는 내가 무조건 데려다줘야 한다.

'설마 6학년 때까지 이러진 않겠지…'

괜한 고민을 해본다. 초등학교 1학년 때는 카리스마 넘치는 지도사 선생님을 만나서 내가 정문에서 아이를 배웅해 준 적이 제법 됐다. 그러면 아이는 실내화를 갈아 신는 현관까지 냅다 달려가서 신발을 갈아 신고는 자기 교실로 알아서 들어갔다. 그렇게 학교에 잘 적응하는 듯 보이다가 초등학교 2학년 땐 모든 것이 후퇴했다. 지도사 배치가 불발되고 소통이 안 되는 특수교사가 아이를 맞이했는데, 아이를 보자마자 손을 꼭 잡고 데리고 가버린 것이 화근이었다. 1년 내내 그런 모습이 반복되니 아이는 이제 정문에서 혼자 들어가는 법을 잊어버렸다.

올해부터 다시 등교 연습을 시켜 보는 중이다. 아이와 함께 정문으로 들어와 중간쯤에 아이의 손을 놓고 들어가라고 하고 있다. 1학년 때의 지도사 선생님이 말씀하셨다.

"아이가 똘똘해서 저학년 때 확 끌어주면 다 할 것 같아요. 그러니 저를 믿고 정문에서 아이를 들여보내 보세요."

이제 그 지도사 선생님은 없지만 내가 다시 아이를 믿어 봐야 할 때가 온 듯 하다.

아이가 우울하게 걷고 있노라면 누군가가 와서 말을 걸 때가 있다. 아이의 일반 학급 친구들이다. 아이들은 참 예쁘다. 어제는 아이가 자리에도 잘 앉고 글씨도 잘 썼다며 재잘재잘 이야기해준다. 또, 학기 초에는 자리에서 괜히 일어날 때가 많았는데 이제는 선생님이 아이의 이름만 한 번 불러줘도 자기 자리에 앉거나 수업 중에는 자리에 앉아서 일어서지 않는다고 했다. 아이들이 이렇게 친근하게 다가올 때면 갑자기 용기가 생긴다. 물론 이렇게 되기까지 오랜 시간이 걸렸다. 나도 아이들도 말이다.

1학년 때의 일이다. 아이의 손을 잡고 학교로 가는데 같은 반 친구 두 명이 엄마와 함께 따라왔다. 그 중 한 친구가 아주 큰소리로 말했다.

"엄마, 얘는 장애인이에요!"

그 말에 그 친구의 엄마가 놀라서 친구를 데리고 다른 곳으로 가버렸다. 그런 말 크게 하면 못쓴다며 말이다. 우리 아이가 장애가 있는 건 맞는데 왜 그렇게 도망치듯 가버렸을까. 괜히 민망했다. 그리고 크게 상처를 받았다. 나는 그때까지만 해도 우리 아이가 많이 좋아져서 친구들과 어울리는 날이 있을 거라고 굳게 믿었기 때문이다. 그 이후로도 그 친구는 내 눈에 자주 띄었다.

한 번은 나에게 오더니 친구가 내게 물었다.

"왜 저희랑 같은 아파트 단지에 살아요?"

"응?"

"왜 저희 단지에 살아요?"

나는 잘못 들은 줄 알고 다시 물었는데 똑같이 질문이 돌아왔다. 무슨 생각으로 그런 질문을 했을까. 내가 대답을 망설이는 사이에 자기 친구와 학교로 들어 가버렸다. 장애인은 시설에 살아야 한다고 생각하는 건지, 아니면 장애인은 우리 아파트 단지에 못 산다는 것인지 그것도 아니면 도대체 무슨 의미였을까. 그 후로도 그 친구를 자주 마주쳤는데 그냥 지나쳐버렸다. 그렇게 시간이 흘러 1학년이 끝났다. 제발 다른 반이 됐으면 좋겠다고 생각했는데 그 친구와 2학년에 또 같은 반이 됐다.

아이가 느릿느릿 실내화를 갈아 신었다. 아이들이 주변에서 뛰어다니고 떠들어대도 자기만의 세계에 갇혀서 정말 느릿느릿 실내화를 갈아 신고 자기 신발을 주머니에 넣고 있었다. 그때 그 친구가 다가와서 말을 할 듯 말 듯 망설이는 게 보였다.

"첫째야 친구한테 인사해야지"

어설픈 동작으로 손을 흔들며 '안녕'이라고 아이가 말했다. 친구와는 눈도 안 마주치고 말이다. 그랬더니 그 친구가 입을 다물지 못하고 놀라서 멈춰있다. 의아해서 물어보았다.

"혹시 오늘 처음 인사를 받았니?"

"네"

우리 아이가 자기에게 말을 걸어준 것이 처음이라나. 그때야 알았다. 이 아이는 우리 아이와 친하게 지내고 싶어서 주변을 맴돈 것인데 발달장애 아이를 처음보다 보니 모든 것이 서툴렀다는 것을 말이다. 다시 한번 통합교육의 필요성을 느꼈다. 통합교육은 느린 아이만을 위해 운영되는 것이 아니라 정상발달하는 아이에게도 자연스레 장애인에 대한 인식을 심어줄 수 있는 환경을 조성시켜주는 것이었다. 그 친구는 3학년 때도 우리 아이와 같은 반이 되었는데 등굣길에 만나면 우리 아이에게 사탕을 주거나 말을 건넨다. 아주 자연스럽게 말이다. 언어로 소통은 잘되지 않지만 자연스레 친구가 된 것 같다.

미국에 가서 어린이 음악공연을 본 적이 있다. 서정적인 음악이 연주되는 가운데 누군가가 소리를 질렀다. 처음엔 잘못 들은 줄 알았는데 또 한 번 들었다. 사람들은 뒤도 안 돌아본다. 그리고 그가 또 한 번 소리를 질렀을 때 알았다. 발달장애 아동이라는 것을 말이다. 공연 중에 발달장애 아이가 소리를 치면 우리나라에서는 어떤 취급을 받았을까, 공연 보는 데 방해되게 왜 데리고 왔냐며 부모를 욕하지 않았을까. 상상만 해도 끔찍했다.

나는 소리가 난 쪽을 유심히 보았다. 아이가 앞뒤로 몸을 흔들고 일어났다 앉았다 자주 움직였다. 공연장의 고요한 분위기를 못 견디고 의미 없는 행동을 반복하는 상동 행동을 하는 것 같았다. 가끔 악기소리가 들릴 때면 각성이 올라왔는지 소리를 지르기도 했다. 각성은 신경이 예민한 발달장애 아이가 무언가를 예민하게 받아들일 때 갑자기 계속 웃거나 울거나, 소리를 지르는 형태로 나타난다. 이런 것들이 이미 교육이 된 것일까, 공연장에 있던 사람들은 모두 그가 그럴 수도 있다는 듯 미동도 하지 않은 채 각자 공연을 즐겼다. 그 모습이 정말 부러웠었는데 지금 보니 아이의 반 친구들이 이미 그렇게 생활하고 있었다.

아파트 단지를 지나가다 보면 나는 모르는 사람들이 우리 아이를 보고 반가워한다. 같은 반 친구 엄마들이다.

"우리 애가 첫째 이야기를 많이 해요"

나는 모르는 여성분이 다가오자 살짝 긴장했지만 웃으며 건네는 말에 굳어 있던 몸이 풀어졌다. 그리고 아이가 겉도는 것이 아니라 같은 반 친구들에게 학급 동무로 여겨지고 있는 것 같아 너무 반가웠다. 아이에 대한 이야기는 계속되었다.

"애 말로는 첫째가 그림을 무척 잘 그린다면서요? 그래서 반에서도 인기가 많대요"

"처음에는 자리에 앉는 걸 힘들어했는데 이제 수업시간에도 선생님 말씀 잘 듣고 책도 스스로 꺼내서 수업도 잘 듣는대요"

엄마들의 설명에 조금은 안심이 된다. 다행히도 학부모 운도 좋아서 엄마들이 우리 아이에게 더 많이 말을 시켜주라고 집에서 얘기한다고 한다.

"아무리 말을 걸어도 애가 답을 안 해주는데? 그래도 계속해?"

"언젠가는 답을 해줄 수도 있으니까 계속 말을 걸어봐"

아파트 단지에서 아이의 동급생인 친구와 그의 엄마가 발달장애인 우리 아이를 어떻게 대해야 할지에 대해서 이야기하는 모습을 멀찌감치 지켜보았다. 이런 사소한 관심과 대화만으로도 무척 고무적이었다.

아이가 아무리 말을 시켜도 답을 안 하니 아이의 같은 반 친구들이 개발한 것이 있다. 바로 하이파이브! 나도 아이의 참관수업을 참석했다가 우연히 보았다. 아이들은 특수반에서 아이가 만든 작품을 우르르 몰려와 보고 있었다.

"이거 만들어 왔어? 재밌었겠다"

"……"

아이가 대답을 안 하자 말을 걸었던 친구들은 이에 굴하지 않고 연신 질문을 해댔다. 그래도 우리 아이가 답을 안 하자 질문을 하던 친구 하나가 손을 들고 외쳤다.

"하이파이브"

그 순간 우리 아이가 손을 들어 친구 손을 짝하고 맞춘다. 질문에 답은 못했지만 친구가 내민 손에 '짝'하고 하이터치를 했다. 순간 두 눈을 의심했다.

'우리 아이가 맞나?'

착각이 일 정도로 방금 눈앞에 펼쳐진 광경이 믿기지 않았다. 이윽고 옆에 있던 친구가 자신의 차례라는 듯 양손을 올렸고 또 외쳤다.

"하이파이브"

그 어떤 소리도 그날만큼 경쾌하진 못했을 것이다. 비록 아이는 친구들의 질문에 답은 못 했지만 하이파이브로 소통을 하고 있었다. 그렇게 한 학기 동안 열심히 하이파이브를 해준 효과 덕분일까? 그해 가을, 우리 아이는 친구들의 물음에 종종 단어로 대답했다. 이건 모두 같은 반 친구들이 우리 아이를 놓지 않았기에 생긴 행운이었다.

통합교육을 생각할 때마다 한숨이 나올 때가 많았다. 오래전에 시작했음에도 아직 시스템이 정착되지 않았고 넘어야 할 난관도 무수히 많기 때문이다. 그래도 그 사이에서 아이들이 자라고 있었다. 우리 아이는 장애를 등록한 상태로 특수교육을 받고 있지만 같은 반에는 경계에 있는 아이도 있어서 서로서로 보듬어줘야 할 아이들이 꽤 있는 듯했다.

발표회 시간에 우리 아이는 막상 자리에 앉아서 악기를 만지작거리며 협조하는데 아무것도 하지 않겠다고 투덜댄 아이가 있었나 보다. 그 아이 때문에 30분 동안 영상촬영을 못 했다는 이야기를 들었다. 나는 언제나 우리 아이만이 문제를 일으키는 줄 알고 걱정했는데 아니었다. 학교도 사회생활의 일부라서 이런 아이가 있고 저런 아이가 있었다. 그리고 그 모습을 보며 서로서로 커 가는 아이들이 있었다. 그날 반 친구들은 협조하지 않은 친구를 위해 묵묵히 기다려줬다고 한다. 그림도 그리고 셀카도 찍으며 친구와 같이 영상을 찍기 위해 기다려 주었고 영상을 찍는 데 성공했다고 한다.

통합교육은 이미 아이들에게 자리 잡은 듯하다, 그렇다면 이젠 어른인 우리가 더 좋은 환경에서 아이들이 어우러질 수 있도록 노력해야 하지 않을까.

특수학교 부지 하나쯤은
특목고로 바꿔도 되잖아요?

'아, 진짜 또 저런 인간이 후보로 나왔단 말이야?'

뉴스 기사를 읽다가 짜증이 확 올라왔다. 성동구에 특수학교를 신설하겠다는 행정예고까지 있었는데 어떤 국회의원 후보가 그곳에 특목고를 유치하겠다고 선거운동을 했다. 8년 전, 강서구에서도 비슷한 일이 있었다. 당시엔 특수학교가 들어서겠다고 한 부지에 한방병원을 설립하겠다는 후보가 있었다. 주민토론회에서 무릎을 꿇고 울던 엄마들의 모습이 잊히지 않는다.

장애인은 언제나 후순위다. 언제나 그렇다. 당장 오늘 탔던 전철역을 떠올려보라. 장애인들이 힘겹게 투쟁할 때 가장 손가락질했던 사람들이 엘리베이터 설치 후엔 가장 먼저 혜택을 본다. 힘겹게 투쟁했던 사람들은 언제나 마지막이다.

전동휠체어를 타고 다니는 장애인 친구가 있다. 그 친구는 항상 20분 정도 지각을 한다. 이유는 간단하다. 엘리베이터를 타려고 하면 사람들에 치여서 기다리고 기다리다가 타야 하기 때문이다. 고장도 그렇게 자주 난다. 그럴 때면 친구는 전역이나 다음 역으로 이동해서 거기서부터 열심히 바퀴를 굴리며 온다.

최근 지하철 엘리베이터를 이용하는데 민망한 경험을 했다. 막내를 유모차에 태워서 지하철역으로 갔다. 사람들이 먼저 타고 유모차를 밀고 내가 탔다. 내 바로 뒤에는 전동휠체어를 타는 장애인이 본인의 순서를 기다리고 계셨다. 조금만 비켜주면 전동휠체어도 탈 수 있을 것 같았다. 그래서 내가 엘리베이터에 먼저 타고 계신 분들을 향해 말했다.

"같이 갈 수 있을 거 같은데요."

"아니, 자리 없어요."

"저분도 다음 거 타는 게 낫지 않을까요?"

엘리베이터 문이 한참 열려있는데도 사람들은 휠체어를 위해 자리 한 칸 내주지 않았다. 인류애가 바사삭 사라지는 순간이었다.

아이가 입학하자마자 나는 학교 운영위원을 신청했다. 운영회의가 열리는 날 안건을 살펴봤다. 3학년에 재학 중인 특수학급 학생 4명이 생존 수영을 간다고 적혀 있다. 나는 그 안건을 보자마자 지난번 공개수업 날 만났던 한 아이가 떠올랐다.

착석이 안 돼서 계속해서 돌아다니던 아이. 몸집은 나보다 2배 컸던 아이. 내 옆에 와서 나한테 기대며 웃길래 반갑다고 인사해 줬던 아이. 지도사 선생님이 수업을 듣게 하려고 다시 착석을 시키니 온몸으로 저항했던 아이.

내가 보기엔 지도사 선생님 한 명으론 그 아이를 제어하기에 힘들어 보였다. 그 아이가 생존 수영 수업을 들으러 간다고 하니 마음에 걸렸다. 안건 내용을 보니 특수학급 선생님과 지도사 선생님이 각자 2명씩 아이를 책임지겠다고 했다. 걱정이 돼 나는 보조교사 한 명만 더 구해서 가실 수 없냐고 했다. 그랬더니 내 앞에 앉아 있던 교감이 말했다.

"보조교사가 없어도 됩니다."

"제가 알기론 제어가 힘든 아이가 있는 것으로 알고 있는데요. 일반 공공장소도 아니도 수영장인데 추가 인력이 필요하지 않을까요?

"굳이 인력을 붙일 필요가 있을까요?"

단호하게 추가 인력은 필요 없다는 태도에 나는 내 의견을 굽히지 않고 더 강하게 필요성을 어필했다.

"아이가 도망가다가 넘어지면 뇌진탕 문제도 발생할 수 있고, 그 아이를 잡기 위해 다른 선생님까지 동원되면 물에 있는 아이들은 누가 감독하나요? 한명 더 추가하는 게 아이들 안전을 위해서 필요합니다."

교감이 웃으며 다시 말했다.

"생존 수영이 어푸어푸 수영하는 것이 아니라 발만 담그고 오는 거예요 그리고 선생님들이 알아서 할 수 있다고 봅니다."

옆에 앉아 있는 교장은 학부모와 교감이 그렇게나 얘기하고 있는데 아무 말이 없었다.

나중에 후일담을 들어보니 지도사 선생님이 생존 수영에 다녀오신 후, 너무 힘들어서 집에서 앓아누우셨다고 한다. 선생님들이 할 수 있다고 했던 소리는 거짓말이었다. 가끔 그 교감 얼굴이 떠오를 때면 나도 모르게 분노가 치민다. 뻔뻔한 인간, 인력 하나 더 구하는 게 어렵다고 거짓말을 해. 나중에 도서운영위원회 회의에 가보니 폐기되는 책을 싹 쓸어가는 그 교감을 보며 눈에서 레이저가 나갔다. 학교에 남는 돈이 있을 테니 아이들 의자 정도는 알록달록 바꿔주자고 하는 말에 정말 또 한 번 욕이 나왔다. 생존 수영은 인력을 구해봤자 일당이 5만 원이 넘어가지 않을 거다. 그런데 의자 바꾸는 건 300만 원이나 책정할 수 있다고 교감이 호언장담했다.

아이가 실종된 뒤 교통사고가 났다. 그다음 날 학교 교감이 나에게 말을 건넸다. 지난번 생존 수영에서 지도사를 충원하지 않겠다고 말한 교감의 후임으로 온 사람이었다.

"학교에서 첫째 걱정을 많이 합니다. 그래서 교장 선생님도 개별화 회의에 참석하십니다."

학교에서도 아이는 성장한다

보통 때라면 대수롭지 않게 넘길 말이었다. 하지만 아이의 교통사고 다음 날 아이를 제대로 관리하지 못한 학교 측에서 사고를 당한 학부모에게 할법한 말은 아니었다. 개별화 회의에 누가 참석한다는 사실을 내게 말하는 게 어떤 의도로 한 말인지 황당했다. 그래도 면전에 무턱대고 화를 내거나 무례하게 되받아 칠 순 없어 슬며시 웃음을 지었다. 그러자 새로운 교감은 한발 더 나아가 헛소리를 시전했다.

"아이가 이대로 가다간 더 큰 사고가 날 수 있으니, 신경을 좀 써야 할 것 같습니다."

어이가 없었다. 그래서 내가 답했다.

"어제 교통사고로 이미 큰 사고가 난 거죠."

"앞으로 어떻게 할지 좀 생각해서 개별화 회의에 참석 부탁드립니다."

그날 아이가 교통사고를 당한 것은 교실에 담임 선생님이 없는 틈을 타서 교실을 나갔기 때문이다. 1차 관리 감독이 안 된 상태에서 교통사고가 났다. 내가 가서 아이를 찾을 때까지 무슨 일이 있었는지 학교 측에서 제대로 내게 설명하지 않았다. 그런데 나보고 어떻게 할지 생각해오라니 어이가 없었다.

사고 이후 개별화 회의가 열리고 나는 사고 당시 경험을 토대로 학교에서 개선해야 할 부분들을 요청했다.

"학교 정문 CCTV의 방향으로는 아이가 학교 밖으로 나갔는

지 확인할 수 없다고 들었습니다. CCTV 점검을 하고 추가 설치
해야 할 것 같습니다"

"그럴 리가 없습니다."

교장이 반발했다. 그럴 리가 없기는. 장학사가 점검하고 가니
정말로 정문을 제대로 비추지 않고 있어서 추가로 CCTV를 설
치해야 한다는 의견을 냈다.

특수학급을 바라보면 학교에서 섬처럼 고립된 느낌이 든다.
분명 있는데 없는 것 같은 존재다. 나는 2년간 우리 아이를 지도
한 선생님이 아이를 가르칠 준비가 안 돼 있는 것이 너무 이상했
다. 또, 학부모와 전혀 소통이 안 된다는 것도 이해가 안 갔다. 그
런데 이것은 선생님 한 사람의 문제가 아니라 학교의 리더십 문
제였다. 나는 이렇게 학교에 최선을 다해 협조하면서도 신경전
을 벌이는 상태다.

내가 처음으로 특수학교로 아이를 전학시킬지 고민했을 때
의 일이다. 우리 아이는 특수학교에 못 간다고 한다. 특수학교
에 들어갈 수 있는 인원이 한정돼 있어서 들어가는 것도 거의 복
권당첨 수준이라고 한다. 돌봄에 보조로 들어가는 대학생 선생
님 하시는 말씀이 자신이 아는 아이가 대소변을 못 가려 기저귀
를 차고 다녀서 이 아이는 특수학교에 못 들어갈 리 없다고 장담
했다고 한다. 그런데 못 들어갔다. 이제는 기저귀를 차도 못 들
어가는 시대이기 때문에 우리 아이처럼 대소변을 가리고 혼자

서 밥 먹고 글자도 읽고 쓸 줄 알면 이번 생애엔 들어갈 수가 없다고 한다.

아, 힘들다.

이런 상황에서 특수학교 부지에 특목고를 들여온다고 한 사람은 무슨 생각으로 그런 공약을 냅다 던진 걸까. 심지어 그곳은 성동구다. 성동구는 전국에서 유일하게 신발에 GPS 장치를 부착해서 실종 가능성이 큰 장애인에게 배포해 주는 곳이다. 그 정도로 구청에서 장애에 대한 이해도가 높은 곳인데 특수학교 대신 특목고라니 너무 화가 난다.

해당 공약을 낸 후보자의 문제일까? 난 단호하게 아니라고 본다. 특수학교보다 특목고가 더 좋다고 생각하는 사람들은 있을 수 있다. 그런데 그런 생각이 해당 캠프 다수의 지지를 얻고 공약으로 나왔다는 데서 나는 절망했다. 소수자 인권에 대한 감수성이 이렇게 부족할 수 있을까. 그들의 무딘 감각이 오늘도 생존을 위해 싸우고 있는 수많은 아이와 부모들의 삶에 큰 생채기를 냈음에도 이것이 왜 문제인지 인지하지 못하는 그 무심함도 문제다. '아 왜~ 특목고 들어오면 더 좋은 거 아니야?'라며 댓글을 달고 있는 당신도 문제다.

기사를 찾아보니 엄마들이 또다시 무릎을 꿇고 특수학교를 지켜달라며 호소했다고 한다. 선거운동 기간이니 적극적으로 후보에게 문제를 제기하고 화를 내도 되는데 또 무릎을 꿇었다. 왜 그랬는지 알 것 같다. 세상에 우리 편은 없으니, 아무리 화를 내도 다들 특목고를 더 좋아할 테니 또다시 무릎을 꿇은 것이다. 장애 아동의 엄마들이 무릎 꿇지 않을 세상은 없는 걸까.

수행평가
문제를 풀었다고요?

특수반 선생님께서 연락이 오셨다. 오늘까지 서명을 받아야 하는 것이 있는데 깜빡하셨다고 한다. 그래서 내가 학교로 가서 서명하기로 했다. 아이가 수행평가를 한 것을 보고 확인했다는 의미로 서명해야 한다는데 백지를 또 확인해야 하나 싶어서 터덜터덜 학교로 갔다.

선생님이 나를 보더니 노란색 파일을 가져오셨다. 아이가 혼자서 이만큼 했다고 수행평가지를 보여주셨다.

'어? 백지가 아니네?'

나는 아이가 수행평가지에 적은 답변을 찬찬히 읽어보았다. 첫 번째 문제는 물개의 몸통이 타이어에 껴 있었고 이러한 상황을 방지하기 위해서 우리가 할 일을 쓰라는 것이었다. 아이가 세

줄가량의 글을 썼는데 휘갈겨 쓰는 바람에 '분리수거를 잘하자' 라는 것만 또렷하게 보였다. 그다음 장엔 소재를 키워드로 제시하면 그와 관련된 물건을 두 가지씩 쓰는 것이었다.

'어머나, 이것도 절반가량 썼네. 이게 무슨 일이지?'

아이가 작문을 정말 하네 싶어서 놀랐고 단답형 문제도 풀 수 있다는 것에 또 한 번 놀랐다. 옆에 계시던 지도사 선생님께서 말씀하셨다.

"저도 서술형 문제를 푸는 특수학급 아이는 처음 봤어요. 오늘도 새로운 수행평가를 했는데 열심히 썼어요."

'놀라워라. 이게 무슨 일인가!'

너무 놀라서 서명한 후 집으로 오는 길에 남편에게 전화했다. 우리 아이가 서술형 문제와 단답형 문제를 읽고 혼자서 글을 썼다고 말이다. 일정표를 쓰거나 일기를 한 번 쓴 적은 있어도 질문을 읽고 답을 써내는 것은 처음 봐서 집안에 난리가 났다. 지금까지 해왔던 일이 헛된 일이 아니었구나 싶어서 눈물이 날 것 같았다.

집에 와서는 아이가 문제를 풀었다는 것이 무슨 의미일까 곱씹어 보았다. 우리 아이가 수업을 듣는다는 소리구나 싶어서 더더욱 놀랐다. 학부모 공개 수업 일에 본 아이는 착석은 되나, 수업에 전혀 참여하지 않는 것 같았는데 그렇지 않았나 보다.

사실 며칠 전부터 아이에게 변화가 있다는 것을 눈치 채고 있었다. 그날은 아이가 갑자기 자발어를 폭발적으로 한 날이었다. 전자제품 가게를 보더니 손가락으로 가리켰다.

"엄마, 핸드폰 사주세요!"

아이가 조금만 더 말을 많이 했다면 '엄마가 사줄게'라고 답했을 텐데, 너무 놀라서 어안이 벙벙했다.

아이가 수영하러 간 날이었다. 대기실에서 선생님을 기다리는데 아이가 물었다.

"엄마, 선생님 언제 와요?"

맙소사. 아이가 질문이란 걸 하네? 우리 아이는 나한테 질문을 하지 않는데 싶어서 놀랐다.

"선생님 금방 오실 거야, 40분에 오시니까 이제 5분 남았어, 조금만 기다리자!"

말하는 내 목소리가 떨렸다. 우리 애가 질문을 하다니! 그리고 같이 나타난 변화. 연산을 갑자기 잘하기 시작했다. 덧셈과 뺄셈을 못 한다고 학기 초에 말했던 것 같은데 한 자릿수가 되기 시작하더니 두 자릿수까지 된다. 받아올림도 한다. 특수학급 선생님이 열심히 가르쳐주신 덕분도 있지만, 그전에는 안 되던 게 갑자기 되기 시작했다. 언어가 트이면 문제행동들이 어느 정도 소거되면서 발달이 올라올 거라고 했는데 이게 그건가 싶었다.

이러한 상황을 정리해서 대학병원 주치의 선생님께 이야기했다. 선생님께서 말씀하셨다.

"지난번에 했던 지능검사는 아이가 검사에 전혀 응하지 않았으니 정확한 지능은 알 수 없지만, 수치로 보이는 거보다 높아 보입니다. 일 년 동안 잘 키우고 나서 다시 지능검사를 해봅시다."

이제 잘 키우기만 하면 될 거라고 하시는데 기분이 묘했다.

운 좋게 긍정 행동 지원사의 학교 관찰 프로그램에도 선정됐다. 지원사 선생님은 아이를 몇 주 동안 지켜보신 후, 나와도 면담을 해주셨다. 아이가 색종이를 사려고 학교에서 뛰쳐나간 적이 있었다. 그래서 지원사는 색종이는 엄마랑 아빠랑 같이 문구점에 가서 주말에 사는 거라고 일정표를 적고 아이가 지키도록 유도해 보자고 하셨다.

지원사가 내게 해준 말 중에 기억에 남는 말이 있다. 그것은 지원사가 나를 만나서 첫 번째 했던 말이다.

"아이를 관찰해보니까, 아이가 이 정도로 성장했다는 것은 부모님이 정말로 신경을 많이 쓰셨다는 얘기일 거예요. 그게 다 티가 나요."

그 누구도 잘했다고 그리고 잘하고 있다고 격려해 준 적이 없었는데 전문가가 그런 이야기를 하니 엄청나게 위로가 됐다. 그래서 센터 시간표도 보여드리면서 빼야 할 것이 있는지 아니면 더 추가해야 할 것이 있는지 여쭈었다. 일정표를 찬찬히 보던 지원사가 내게 말했다.

"어머, 이 수업도 하시네요. 정말 알차게 잘 구성하셔서 조언해 드릴 게 없어요."

아이가 매일 센터를 돌고 있는데 내가 너무 욕심을 내는 건 아닌지 물었더니, 아이가 지치면 문제가 되는데 그렇지 않으면 경제 사정이 허락되는 선까지는 유지하라고 하셨다. 그동안 발로 뛰며 센터 시간표를 꾸린 보람이 있었다.

의기양양해져서 언어 수업을 받는 센터에 갔다. 여기는 병원과 함께 센터가 있는 곳이어서 갈 때마다 의사와 상담을 할 수 있다는 장점이 있다. 진료기록도 중요한 것들을 매번 남겨주셔서 좋다. 이번 수행평가 얘기도 기록으로 남겨야지 싶어서 의사 선생님을 보자마자 이야기보따리를 풀었다. 한참을 대기 걸어 놓은 인지 수업 자리는 언제 나올지 무엇을 더 추가해서 아이의 발달이 올라올 때 더 확 끌어올릴지 물어봤다.

그 뒤로 우리 아이의 폭발적인 자발어는 또 멈췄다. 뭐가 그리 보기 싫은지 눈을 감고 등교하거나 엘리베이터 문 사이를 째려보며 시각추구를 즐기기도 했다. 그래도 주말마다 가족들과 어디에 가서 놀지 고민하는 모습이 마냥 대견하기도 했다.

한 번은 속초에 놀러 갔다가 돌아오는 길에 어느 고개 위에 있는 온천을 발견한 적이 있다. 이미 밑에서 온천을 하고 왔기에 다음에 기회가 되면 오자고 했었다. 그런데 그걸 기억하고 있었던 건지 그 온천에 가겠다고 이름을 적어왔다. 이게 무슨 일인가 싶어서 검색해 봤더니 다음번에 가자고 했던 그 온천이었다. 좋아지는가 싶으면 후퇴기가 와서 나를 좌절시키고 그럴 때마다 또 훌쩍 성장하는 아이를 보며 일희일비하지 말자고 다짐한다. 그렇게 느리지만 조금씩 좋아지던 아이는 나에게 한걸음 같이 내디딜 용기를 매일 주고 있다.

우리 아이가
독특한 아이로 남기를

우리 아이는 깍두기 같은 존재다. 룰이 있지만 그 룰에서 언제든 벗어나도 모두가 이해해주는 존재다. 그래서인지 같은 반 친구들은 우리 아이를 동생처럼 대한다. 그래도 좋다. 무관심으로 통합반 교실에 손님처럼 왔다 갔다 하는 아이도 있다 하니 우리 아이는 친구들 복이 참 많다.

이런저런 생각을 하며 간식을 정리하고 노트북을 켰는데 자폐인의 날이라는 뉴스 기사가 뜬다.

'오잉? 나는 왜 이런 날이 있는 줄 몰랐지?'

자폐인의 날은 4월 2일이라고 한다. 3월 21일이 다운증후군의 날이라는 것은 친구 아들이 다운증후군이기에 알고 있었다. 친구가 매년 다운증후군의 날마다 관련된 그림으로 프로필을 업데이트하기 때문이다. 그때마다 조금 부러웠다. 아이에 대해 한 번 더 생각할 수 있는 날이 있다는 것이, 그런데 자폐인의 날이 있었다니, 나는 왜 자폐인의 날이 있는지 찾아볼 생각도 않았을까. 그렇다면 4월 20일 장애인의 날 말고 자폐인의 날에 간식을 배포할 걸 그랬다.

자폐인의 날은 UN에서 지정한 날로 이날엔 "Light Up Blue(파란 불을 켜요!)"라는 캠페인을 한다. 유명한 건축물에 파란색 불을 켜는 점등행사다. 자폐에 대한 인식을 높이고 조기 발견해서 빨리 조치할 수 있는 환경을 만들자는 뜻을 담았다고 한다.

'아, 건축물 말고 사람들 마음속에 자폐에 대한 파란불도 켜졌으면 좋겠다.'

저 아이가 저럴 수밖에 없던 것은 자폐 아동이라서 그랬던 거구나 이해할 수 있는 마음이 모든 사람에게 생겼으면 한다.

그레타 툰베리, 일론 머스크. 우리는 그들을 괴짜라고 생각한다. 괴짜지만 사람들이 이들의 이름을 기억하는 건 각자의 영역에서 세계적인 영향력을 행사하는 인물들이기 때문이다. 일론 머스크는 트위터의 새모양 아이콘을 하루아침에 X라는 글자로 바꿨다. 아직도 X라는 아이콘에 적응하지 못한 나이지만, 우주선까지 날리고 있는 그의 결단력에는 감탄한다. '누가 뭐라 그러던 내가 생각하는 대로 해볼래'가 그의 머릿속에 자리 잡고 있는 것이 확실하다.

그레타 툰베리도 그렇다. 기후 변화에 대해 UN에서 연설하며 "how dare you(네가 감히!)"라는 문장을 뱉었다. 와우, 정말 강력한 표현이었다. 어른 세대에게 던지는 청소년의 멘트치고는 엄청나게 강한 표현이었다. 어떻게 이렇게 자신의 분노를 가감없이 드러낼 수 있었을까.

그레타 툰베리와 일론 머스크는 자폐증의 하나인 아스퍼거 증후군을 갖고 있다고 알려져 있다. 그러니 사람과의 대화를 즐기기보단 어떤 분야에 집중해서 목표를 달성하는 것이 남들보다 더 쉬웠을 지도 모른다. 이들은 누군가를 설득해서 함께 나아가려 하기보다는 어떤 목표를 향해 질주하는 것을 선호한다. 그렇기에 다른 사람의 눈엔 이들이 참 독특해 보일뿐더러 어쩌면 무례해 보일 수도 있다. 그런데 그게 그들이다.

얼마 전 그레타 툰베리의 체포 소식을 기사로 읽은 적이 있는데 기사 밑에 내 눈을 사로잡는 댓글이 있었다.

'자폐인에게 쓸데없이 카메라를 들이대 이용해먹은 사회가 문제다.'

자폐인은 왜 사회적인 목소리를 내면 안 된다는 것일까. 그녀가 친환경 요트를 타고 대서양을 횡단하거나 동맹휴학 운동 등을 펼친 것을 생각하면 그렇게 섣부르게 댓글을 달 수 있을까. 그녀의 행동이 문제가 된다면 문제 되는 행동을 지적하면 되는 것인데 왜 자폐라는 문제로 그녀를 바라봤던 것일까. 이것은 우리 사회가 아직 자폐에 대한 이해도가 낮다는 것을 보여주는 한 장면일 것이다.

학교에 가서 아이의 모습을 볼 수 없으니 나는 우리 아이만이 문제인 줄 알았다. 그런데 아니었다. 어떨 땐 우리 아이보다 더 통제가 안 되는 아이가 있었다. 등굣길에 말을 걸어와서 대답해 주면 엉뚱한 답만 하는 아이도 있었다. 하도 센터를 다녀서 그런지 이 아이들이 센터에서 만났던 아이들처럼 독특하게 느껴졌다. 나중에 알고 보니 이미 센터를 다니고 있는 ADHD 아이도 있었고 집중력이 현저히 낮아 약을 먹고 있는 아이도 있었다.

'그렇구나, 교실 안에는 다양한 아이들이 포진하고 있는데 나조차도 그걸 모르고 있었구나'

그래서 교실 안에서의 일은 통합반 담임 선생님께 마음 편히 맡기고 선생님의 요청을 따를 수 있었다. '이번엔 제가 아이를 보며 국악 시간에 참여시켜볼게요'라면 믿고 기다렸고 '이번엔 아무래도 활동보조 선생님의 도움이 필요할 것 같다'라고 하면 그렇게 따랐다. 교실에서 직접 수업을 하는 선생님보다 판단을 잘할 사람은 없을 것이기 때문이다. 문제는 교실 안에서만 이해도가 높으면 안 된다는 것이다. 교실에서 높아진 이해도가 학생을 넘어 학부모 그리고 사회까지 퍼져나가야 발달장애 아이들이 차별 없이 사회에 녹아들어 제 몫을 할 것이기 때문이다.

미국에서는 3월 중 한 주를 신경 다양성 주간으로 정하고 기념하는 학교가 꽤 있다고 한다. 신경 다양성이란 자폐 스펙트럼, ADHD 등 막연히 장애로 인식되던 것들을 뇌신경 차이에 의한 다양성으로 인식하자는 개념이다. 질병 등으로 인식하던 기존과는 다른 방식이다. 미국은 이렇듯 다양성으로 사회를 포용하고 함께 나아가려는 모습을 보이고 있다. 우리도 이러한 날을 기념하며 서로를 이해하는 시간을 가져보면 어떨까.

물론 미국과 우리는 조금 다를 수 있다. 한국처럼 단일 민족 구성원이 높을 경우, 차이를 받아들이는 것에 시간이 걸릴 수 있다. 미국은 다민족으로 구성돼 있으니 혐오와 차별이 아니라면 서로의 문화를 잘 흡수하고 받아들이는 경향이 있는 듯하다. 그러니 무언가를 받아들이는 방식에 차이가 있을 수 있다. 물론 이것은 나의 뇌피셜이다.

그레타 툰베리를 보면 부럽다. 아스퍼거 증후군처럼 언어발달에 지연이 크지 않고 지적능력도 양호할 경우, 그저 사회에서 독특한 사람으로 남을 수 있기 때문이다. 우리 아이의 경우는 언어발달의 지연이 매우 크고 지적능력은 어느 날은 이것도 할 수 있나 싶을 정도로 놀라다가 어느 날을 아니 왜 이것조차 못하냐고 생각될 정도다. 그 들쭉날쭉함으로 나를 살리기도 하고 죽이기도 하는 것이 우리 아들이다.

처음 IQ 검사를 했을 땐 37, 최근에 했을 땐 42가 나왔는데 낯선 사람과 무언가를 하지 않겠다고 도망을 쳐서 검사가 제대로 안 되었기에 센터에서는 그것보단 지능이 높을 거라고 본다. 그렇다고 해서 아스퍼거 증후군처럼 사회에 혼자 뚝 떼어놓아도 잘 살 수 있는 상태는 아니다. 학교 수업을 따라가기 힘들고 보호자 없이 혼자 다니다간 지난번처럼 교통사고가 날 정도로 생존의 위협을 받는다. 그래서 나는 우리 아이가 그저 독특한 사람으로 남을 수 있을 만큼 능력을 끌어올리는 것이 목표다. 그러니 우리 사회가 자폐인에게 조금 열린 시선을 가져주었으면 한다. 장애인 아이가 왜 키즈카페에 와서 돌아다니냐는 비수 같은 말 말고, 저 아이도 사회 속에 녹아들기 위해 오늘도 노력하고 있구나 하며 바라봐주었으면 한다.

원고를 작성하며 생각했다. 이 책에 끝에는 뭔가 극적인 변화가 기술돼야 하는 건 아닐까 하고 말이다. 그래서 원고를 많이 써놨음에도 불구하고 책으로 내기까지 시간이 오래 걸렸다. 천만다행이었다. 다듬어야 할 부분도 많고 그사이에 새로 얻은 정보와 경험도 많았으니 말이다.

다만 걱정되는 것은 이 책을 읽고 희망을 얻었던 사람이 똑같이 따라 했는데 안됐을 경우다. 그러면 괜히 타인을 원망하게 되고 그런 선택을 한 자신을 탓하게 되며 삶에 의욕을 잃을 수 있다. 책에서 등장한 베라르 치료라는 것이 그렇다. 도움을 받았다는 사람도 있고 전혀 변화가 없다는 사람도 있으며 심지어는 치료 후 더 나빠졌다는 사람이 있다. 우리 아이의 경우, 주고받으며 대화가 안 됐는데 베라르 이후에 단어로 주고받기가 되더니 문장으로도 가능할 정도가 됐었다.

　'됐었다'고 표현한 이유는 될 때도 있고 안 될 때도 있어서 그렇다. 그러니 잘 알아보고 고민한 후에 부모가 선택하라고 말하고 싶다. 우리 사례를 듣고 베라르를 했다가 괜히 했다고 신경질을 낸다는 사람의 이야기도 들었다. 분명 충분히 알아보고 자녀에게 맞을지 고민해서 해보라고 했는데도 원망은 타인에게 돌린다.

　임상시험을 했던 엘세린도 그렇다. 우리 아이가 먹은 약은 액체형이었고 2024년 현재 아직 임상시험 중이므로 구할 수가 없다. 지푸라기라도 잡는 심정으로 가루로 된 엘세린을 외국에서 구해다가 먹이는 분도 봤다. 그것이 효과가 있을지는 나도 모른다. 먹어봤는데 효과가 없더라 돈만 날렸더라라고 후회하지 말라고 경고하고 싶다. 그러니 무언가 선택을 할 때 누가 이랬다더라라는 소문보다는 부모가 정보를 취합한 후 결정하라고 별표

다섯 개를 쳐서 강권하고 싶다.

아이들을 재워놓고 발달장애인이 등장하는 드라마나 영화를 많이 보았다. 희한하게도 극에서 그려지는 유형들이 모두 천재성 하나쯤은 갖고 있어서 나를 조급하게 했다. 우리 아이도 뭔가 엄청난 능력을 갖추고 있는데 내가 몰라보나 하고 말이다. 그러나 장애는 장애다. 할 수 없는 것을 하라고 하면 아이는 그저 고통스러울 뿐이다. 그러니 할 수 있는 것과 할 수 없는 것을 구분하고 할 수 없는 것은 다른 것으로 대체해서 사회 속에서 스스로 살아갈 수 있도록 도와줘야 하는 것이 부모다. 그래서 힘들어도 꾹 참으며 묵묵히 아이 손을 잡고 학교로, 센터로, 자연으로 달려가 보는 것이다. 그러니 오늘도 힘겹게 살아가는 이들을 위해 응원해주길 바란다. 아니다, 응원은 안 해줘도 되니 철없는 충고나 조언으로 상처 주지 말길 바란다.

이 글을 완성하기 위해 나는 매일매일 특정 플랫폼에 글을 올렸었다. 특별히 반응은 크게 없었는데 어떤 댓글이 나를 매우 불쾌하게 만들었다. 발달장애인들에게 나라에서 지원하면 비장애인들은 어떠한 이득이 있냐는 글이었다. 자기는 상호호혜라는 개념을 좋아한다면서 말이다.

맙소사. 인간의 권리를 상호호혜라는 개념으로 침해하다니. 너무 놀라웠고 화가 나서 그 뒤론 그 플랫폼에 글을 쓰지 않았다. 정말로 당연한데 너무도 쉽게 침범을 당하는 것이 장애인의 인권에 관한 이야기다. 그래서 저런 문장들과 만나면 매일매일이 슬프고 짜증나고 날카롭다. 그러니 우리 한 번 더 생각하고 말을 건네보는 건 어떨까.

얼마 전에 아이들과 바닷가로 놀러갔다가 우연히 약초방을 지나게 됐다. 남편은 냅다 차를 세우고 들어가서 천마를 구해왔다. 뇌와 관련된 질환에 천마가 좋다는데 드디어 구했다면서 싱글벙글 차로 돌아온다. 아이를 셋 낳으며 제대혈을 모두 보관했기에 대학병원 주치의에게 물었다. 혹시 발달장애에 제대혈을 써보는 방법은 없냐고 말이다. 그랬더니 선생님 말씀.

"어머니 어디에다 주입해보시려고요. 머리에요? 지금 의료기술로는 제대혈로 발달장애를 치료할 수는 없어요."

그렇다. 누군가 치료됐다면 금세 소문이 났을 텐데 아직 그런 사례는 못 들어봤다. 천마도 그렇다. 그래도 자료를 계속 찾아보고 민간요법이라도 해보려는 것이 부모 마음일 것이다. 그런 마음을 알기에 소소하지만 최선을 다했던 일상을 공유해보려고 했다. 이 글이 부디 발달장애아를 키우는 부모들에게 위로와 용기가 되길 바란다.

감사인사

아이가 세상에 한 걸음 내딜 수 있게
도움을 주신 분들에게 감사 인사를 전합니다.
기록으로 남기지 않으면
고마움이 날아가 버릴 것 같아서
이름을 적어 놓습니다.

김로사 초등특수교사

김수미 유아특수교사

김아름 해냄 아동발달센터 ABA 선생님

이세은 해냄 아동발달센터 놀이 선생님

마성남 동료상담가

민현경 터칭aba언어인지상담센터 플로어타임 선생님

박미애 안도아동발달클리닉 언어 선생님

변석희 상담사

이승연 안도재활의학과신경과의원 원장

이주호 베라르연구소 강남 원장

최민경 활동보조사

최소현 예비특수교사

최승일 하늘꿈 아동발달센터 특수체육 원장

* 이 도서는 2024년 문화체육관광부의 '중소출판사 도약부문 제작 지원'
사업의 지원을 받아 제작되었습니다.

이어아에오

: 느린 아이의 초등학교 적응기

초판 1쇄 발행   2025년 1월 21일

지은이   케이크여왕
펴낸이   구진영
편집   오선혜
디자인   서승연
펴낸곳   금강초롱
등록   제382-2015-000002호
주소   경기도 의정부시 부용로 233
전화   02-7773-1916
전자우편 lovelygudada@naver.com
값   15,000원
ISBN   979-11-955321-1-7 (03190)